VOYAGE
EN PERSE,

A LA SUITE

DE L'AMBASSADE RUSSE,

EN 1817,

PAR MAURICE DE KOTZEBUË;

TRADUIT DE L'ALLEMAND

PAR M. BRETON.

ORNE DE GRAVURES COLORIÉES.

A PARIS,

CHEZ A. NEPVEU, LIBRAIRE,.

PASSAGE DES PANORAMAS, Nº 26.

M DCCC XIX.

VOYAGE

EN PERSE.

IMPRIMERIE DE LE NORMANT, RUE DE SEINE, N° 8.

Vue du Pont de Kisil-Ozoun dans les Monts Kaplanta.

Vue des deux Monts Ararat et des Jardins du Gouverneur d'Erivan.

AVANT-PROPOS.

L'auteur de cette relation est le jeune homme (1) qui a dernièrement publié le récit de sa captivité en France. Depuis son retour de Perse il est employé en Grusinie (la Géorgie russe), à lever le plan géométrique de cette province.

Il a remis depuis peu de temps, à son père, son manuscrit, avec prière de le livrer à l'impression. Cependant, le public remarquera que le jeune auteur ne s'est nullement proposé, à l'exemple de Chardin et de Malcolm, ses prédécesseurs dans la même carrière, de donner une description complète de la Perse ; il a seulement voulu, avec la permission de

____

(1) Fils du célèbre auteur dramatique, Auguste de Kotzebuë, qui vient de succomber sous le poignard d'un assassin. M. Maurice Kotzebuë et M. Othon, son frère, avoient suivi au Japon le capitaine Krusenstern et l'ambassadeur russe, M. de Résanoff.

l'ambassadeur, faire part de ses observations
Servant, dès sa plus tendre enfance, dans les
armées de terre et de mer, son style se ressen-
tira peut-être un peu de la rudesse de son état;
cependant, il se flatte d'exciter quelque intérêt, en rapportant ce qu'il a vu avec toute la
vivacité de son âge : l'amour de la vérité a seul
conduit sa plume.

Weimar, avril 1818.

AUGUSTE DE KOTZEBÜE.

VOYAGE

EN PERSE,

A LA SUITE DE L'AMBASSADE RUSSE,

EN 1817.

CHAPITRE PREMIER.

Introduction.

Il est des hommes que la destinée semble avoir pris à tâche de lancer dans un tourbillon continuel. Peut-on se flatter de connoître le bonheur lorsqu'on est obligé de courir sans cesse de nouvelles aventures, et jeté, sans choix, parmi des hommes bons ou méchans? Une existence aussi agitée n'est-elle pas une véritable calamité pour celui qui se sentoit peu disposé à fréquenter le grand monde, et qui auroit préféré le calme de la vie domestique?

Ma position a jusqu'ici très-peu répondu à mes goûts. Foible jouet du destin, j'étois à peine âgé de seize ans, lorsque je fis le tour du monde

sur un vaisseau envoyé à la découverte de nouvelles terres. A dix-huit ans, je me vis transporté
au milieu du tumulte de la guerre, et j'eus le
bras fracassé par la mitraille au combat de
Friedland.

Six années après, je combattis encore pour
mon pays, sous les ordres du brave comte de
Wittgenstein. Fait prisonnier de guerre, je vis
le beau ciel de la France. Ma captivité n'y fut
pas de longue durée : je rejoignis mes frères
d'armes, et fis une autre campagne contre les
Français. Ce nouvel orage étant apaisé, la division dont je faisois partie fut envoyée dans
des cantonnemens aux environs de Charkoff.
J'y arrivai au mois de mai, avec mon respectable commandant, l'adjudant - général baron
Korff. Les biens de son beau-père étoient situés
dans le voisinage. Depuis plusieurs années il
n'avoit pas vu sa charmante épouse. Je n'ai pas
besoin de dire que des fêtes continuelles célé-
brèrent cet heureux rapprochement. Mais il en
fut de cette allégresse comme de tous les transports trop vifs, elle fit bientôt place aux douceurs de la société et aux charmes de l'amitié :
on s'aperçut à peine des rigueurs de l'hiver.

Déjà le printemps ranimoit la nature, lorsque
mon général fut appelé à un service lointain.
Pour moi, je reçus de M. Harting, quartier-

maître-général, l'ordre de me rendre sans délai à Saint-Pétersbourg.

Je penserai toute ma vie, avec attendrissement, à ma séparation d'avec mon général et son aimable famille. J'eus encore le malheur de m'éloigner d'un ami d'enfance, le colonel Howen, qui renonçoit au service pour se marier. On doit croire, d'après cela, que ce fut d'assez mauvaise humeur que je montai dans une voiture de poste russe, et partis pour ma nouvelle destination.

Une route ennuyeuse, d'éternelles forêts et de grossiers maîtres de poste, voilà les seuls objets que j'eus à contempler dans ce long voyage.

A Smolensk, ville qui a considérablement souffert pendant la campagne de Moscou, je ne pus obtenir, du maître de poste, des chevaux, à moins de payer un prix double.

Je devois, en attendant, perdre un temps précieux dans une auberge où l'on écorche impitoyablement les voyageurs.

Une multitude de chevaux et de voitures que j'aperçus sous ma fenêtre, me prouvèrent que le maître de poste ne badinoit pas, et que de plus grands seigneurs que moi étoient dans l'embarras, et attendoient leur tour pour avoir des chevaux frais. Apparemment ces messieurs avoient plus que moi la bonne volonté et le moyen d'enrichir les aubergistes. Comme il étoit plus économique de partir sur-le-champ, je payai double, et souhaitai bon voyage à la société.

Les chemins, remplis de boue, et détestables, me rappeloient ce fameux pont suspendu par des cordes, qui conduit de Weliki-Luki, à Saint-Pétersbourg. Je ne conseille pas cette route aux personnes qui craignent de se casser les membres. Mais à cette affreuse perspective succédèrent bientôt des paysages plus rians, et je descendis enfin à l'hôtel de Reval, à Pétersbourg.

Très-curieux de connoître ce qu'on vouloit faire de moi, je me revêtis de mon uniforme, et me rendis, le lendemain matin, à l'état-major-général, devant mon chef, l'adjudant-général prince Wolkonsky.

Le prince ne donne habituellement son audience qu'à deux heures; je mis ce temps à profit pour visiter plusieurs camarades. Quel fut mon étonnement lorsqu'ils m'apprirent qu'on avoit jeté les yeux sur moi pour faire partie de l'ambassade en Perse! Le prince, que je vis ensuite, me confirma ce qu'on m'avoit annoncé; il ajouta qu'il étoit nécessaire que je me rendisse chez le conseiller d'Etat Schubert, professeur d'astronomie, afin de prendre quelques leçons de cette science jusqu'à mon départ, qui devoit avoir lieu dans l'espace de deux mois.

La tête pleine d'astronomie et de mon voyage

en Perse, j'allai au collége impérial pour voir mes frères Auguste et Paul, que je n'avois pas embrassés depuis cinq ans. Ils étoient allés passer quelques jours de congé chez le conseiller Wurst, ami de mon père. J'allai les rejoindre quelques jours plus tard, et je trouvai dans cette maison les plus agréables distractions, pendant tout le temps de mon séjour dans la capitale. Livré presque sans relâche aux calculs les plus minutieux des mathématiques transcendantes, je n'étois guère propre à égayer la société. Je fus cependant toujours de bonne humeur. J'appris bientôt qu'un de mes camarades, Paul de Rennenkampff, non seulement devoit accompagner aussi l'ambassade, mais prendre, comme moi, des leçons d'astronomie : nous retînmes notre logement dans la même maison.

Dans le mois d'août, notre instruction étant à peu près terminée, nous fûmes présentés à l'ambassadeur, le lieutenant-général Iermoloff, le même qui, en 1807, fit des prodiges à la bataille de Culm, bataille qui, alors, décida du sort de l'Europe. Il nous reçut plutôt comme un ami que comme un supérieur ; et nous devons dire, à sa louange, que son affabilité ne s'est pas un instant démentie. Paul et moi nous le quittâmes, fort contens d'avoir affaire à un pareil homme.

Quelque temps après, l'ambassadeur partit le

premier, et on nous laissa maîtres de nos dispositions; le rendez-vous général étant à Tiflis pour
le mois de novembre. Le colonel de Iwanoff,
un des officiers de la légation, ayant reçu du
prince Wolkonsky une voiture pour transporter
des instrumens d'astronomie et d'horlogerie, je
profitai de l'occasion. Nous quittâmes, le 17
août, la magnifique cité de Pétersbourg. Mon
camarade Rennenkampff, qui étoit allé faire
ses adieux à sa famille, ne nous rejoignit qu'à
Moscou.

Il étoit tard quand nous nous mîmes en route.

Chacun de nous s'enfonça tristement dans un
coin de la voiture, et je fis des réflexions mé-
lancoliques sur la bizarrerie du sort, qui m'a-
menoit de si loin pour être empaqueté dans un
chariot avec des instrumens astronomiques, et
me voir transporter dans cette Perse, que je ne
connoissois encore que par les livres, et dont je
n'avois vu les habitans basanés qu'en peinture.
Tout le monde nous disoit à Pétersbourg des
choses effrayantes sur les scorpions et les tarentules; la peste et les autres fléaux n'étoient, auprès, que des bagatelles. J'avoue que je quittai
avec peine les douces contrées de l'Europe.
Qu'importe, au bout du compte, que l'on puisse
dire de vous que vous avez voyagé en Perse?

Enfin, je me faisois une idée monstrueuse de

l'avenir ; mon camarade étoit plus sage que moi ; il dormoit profondément, et, quand on dort, on est en paix avec tout l'univers : je finis par l'imiter.

A notre réveil, nous devions avoir fait beaucoup de chemin, car il faisoit grand jour.

Quoique je sois né en Russie, et que j'aie parcouru plusieurs parties de cet empire, je n'avois pas encore eu l'occasion d'aller jusqu'à Moscou. Cette ville offre beaucoup de curiosités. Malgré l'effroyable incendie qui l'a consumée en 1812, Moscou n'a rien perdu de sa grandeur ; on y voit çà et là des palais qui portent les traces des flammes. Il n'est peut-être pas de capitale qui renferme des palais en si grand nombre ni d'aussi magnifiques ; mais un désordre extrême a présidé à cet arrangement. Auprès des plus riches hôtels sont de misérables chaumières, et l'on arrive à des ponts superbes par des ruelles escarpées, où l'on a peine à se tenir. Je dois avouer cependant que ce mélange n'a rien de désagréable.

L'empereur Alexandre avoit promis aux habitans de visiter Moscou l'année suivante ; tout y étoit en activité ; l'on devoit achever pour cette époque une colonne colossale revêtue du bronze provenant des canons conquis sur les Français.

Le 27, nous partîmes de Moscou, et nous arrivâmes dans la jolie ville de Toula ; cette ville, renommée par ses fabriques d'acier, est dans une situation pittoresque et bâtie avec élégance ; les objets d'acier se donnent en quelque sorte pour rien. Peu de jours après, nous nous rendîmes, par Woronesch, à la capitale des Cosaques, la ville de Novo-Tscherkesk. Au-delà de Woronesch, les campagnes commencent à prendre un aspect désert et stérile. Les postes sont si mal servies, qu'on a de la peine à parcourir plus d'une station par jour ; quand on n'a pas fait ses provisions à Woronesch, on court grand risque de mourir de faim sur la route. Les postillons vivent presque entièrement de melons d'eau que le pays produit en grande abondance. Les maisons de poste ne sont que de petites et chétives cabanes.

Messieurs les Cosaques n'aiment pas du tout l'agriculture ; ils préfèrent se livrer à l'éducation des bestiaux, à la pêche et au commerce ; c'est pour cela sans doute que la vue n'est récréée par aucun champ cultivé, par aucune plantation d'arbres ni par aucune habitation isolée ; d'affreux déserts, et les sinuosités des routes, voilà ce qu'on aperçoit sans cesse.

La ville de Novo-Tscherkesk, résidence du fameux hetmann des Cosaques Platoff, commence à être bâtie d'une manière régulière et imposante ; mais, à la moindre pluie d'averse, on nage dans la boue. La propreté dans l'intérieur des maisons excède toute idée, et il faut l'attribuer aux préceptes rigoureux d'une secte appelée la secte des Roskolnicks, à laquelle appartiennent la plupart des Cosaques. Lorsqu'un Russe a séjourné parmi eux, on appelle un prêtre qui fait des fumigations, et l'on nettoie la chambre où le Russe a couché, tous les ustensiles, tous les meubles dont il s'est servi, comme s'il les avoit souillés par son contact. Quand le Russe y a fumé du tabac, on réitère plusieurs fois les mêmes purifications, et il est des gens si dévots, qu'ils rebâtiroient volontiers la maison entière. On remarque dans chaque maison un buffet à porte vitrée, contenant des cuillers d'argent de différentes grandeurs, destinées à divers usages, des gobelets fabriqués dans tous les pays du monde, et qui portent encore un chiffre ou des armoiries, et enfin une multitude de couteaux et de fourchettes de toutes dimensions.

Le vin du Don est vraiment digne d'éloges ; il est léger, offre une saveur douce et agréable, et mousse comme le champagne.

Les chevaux de cette résidence ne nous conduisirent pas mieux pour en sortir que ceux qui nous y avoient amenés. Quand nous fûmes sur une hauteur, derrière la ville, nous perdîmes plusieurs heures sans pouvoir avancer. Au bout de deux jours, nous atteignîmes les frontières à l'endroit appelé Wanutschei-Ierlik, où les voyageurs qui rentrent font quarantaine. On ne peut s'empêcher de contempler d'avance avec tristesse, ce lieu où l'on est condamné, lors de son retour, à rester confiné pendant plusieurs semaines.

A partir de cet endroit, les villages sont peuplés de paysans russes. On s'en aperçoit seulement à la bonté de leurs chevaux ; c'est là aussi que commence le gouvernement du Caucase.

Nous ne tardâmes pas à entrer dans la ville de Starapol, et nous jetâmes tous des cris de joie en voyant enfin des arbres. Il y avoit long-temps que nous n'en avions découvert un seul. On aperçoit de l'auberge de la poste le pic majestueux de l'Elborus qui se perd dans les nuages ; un savant astronome, M. Wischnefsky, l'a mesuré, et lui a trouvé 16,700 pieds de hauteur, mesure de Paris, environ quatre werstes et demie.

On ne voyage pas sans escorte au-delà de Starapol ; on vous donne pour cela un certain nombre de Cosaques qui se relèvent de station en station. Parvenu à Georgefsk, on côtoie, dans un espace d'environ cinquante werstes ;

la rivière Kuba, laquelle prend sa source dans les montagnes du Caucase. Sur la rive opposée vivent les Tscherkesses, les Kabardins et différentes tribus, non moins aimables, qui font métier de dévaliser les voyageurs. Quand ces malheureux sont désolés par la peste ou par la famine, ils recherchent la protection des Russes, et donnent des otages pour sûreté de leur bonne conduite; mais cela ne sert de rien; à la première occasion, ils reprennent leurs habitudes et commettent d'affreux brigandages.

Ils vivent du produit de leurs bestiaux, de la pêche, de la chasse dans toute l'acception de ce terme. L'agriculture n'a pour eux aucun attrait, et ils abandonnent aux femmes les travaux les plus pénibles. Un homme rougiroit de travailler. Plus il a commis de vols et de meurtres, plus il est considéré dans sa tribu. Il faut savoir que les Tscherkesses ne s'épargnent pas plus entre eux qu'ils n'épargnent les étrangers. Assouvir sa vengeance est parmi eux le plus sacré des devoirs, et jamais ils ne pardonnent.

Lorsqu'une fois un assassinat a été commis, les membres de la famille du meurtrier et de celle du mort s'entre-tuent, et se font ainsi une guerre d'extermination. Ce n'est pas ouvertement que l'on satisfait ces haines implacables; on cherche à surprendre son ennemi dans une forêt, dans un champ ou dans tout autre lieu où il n'y a pas de témoins. Il se passe ainsi des années entières avant que la victime dévouée tombe sous les coups de son ennemi. Lorsque celui-ci a consommé son attentat, il rentre chez lui en triomphe, et c'est désormais à la famille opposée à se venger à son tour. Si le meurtrier finit ses jours par une mort naturelle, la vengeance doit tomber sur son plus proche parent.

Ils admettent le même usage à l'égard des Russes. Lorsqu'un de ces montagnards a perdu la vie dans un accident, son parent le plus proche n'a pas de repos qu'il n'ait apporté au camp la tête d'un Russe. Si, par hasard, un de ses camarades s'est emparé du Russe qui a commis l'homicide, il achète fort cher le prisonnier afin de se ménager l'affreux plaisir de lui infliger une mort lente et terrible.

Voilà cependant des peuples qui font partie du genre humain ! grâces soient rendues à la Providence et aux Turcs qui de temps en temps leur envoient la peste ! Sans cela, cette détestable engeance seroit beaucoup plus nombreuse !

Si le gouvernement russe traitoit, sous ce rapport, les sauvages Géorgiens aussi mal que les Turcs, c'en seroit bientôt fait de la population entière ; mais on se contente de les châtier en envoyant contre eux des troupes qui par-

courent les montagnes, détruisent leurs habitations, enlèvent les bestiaux, et font toutes sortes
de ravages. Ces brigands, trop lâches pour
se défendre, errent dans les montagnes, de-
mandent grâce, donnent des otages, pro-
mettent tout, et ne tiennent rien.

Leurs voisins, les mahométans, ne leur ap-
prennent point à se garantir de la peste; car les
Turcs regardent ce fléau comme un présent du
ciel, et meurent avec une parfaite résignation.

Il existe encore un peuple qui surpasse en
férocité les Kabardins, les Tscherkesses et leurs
pareils. Ce sont les Tschetschenzes qui habitent
dans le Caucase des contrées presque inabor-
dables, et infestent jusqu'aux routes militaires
de la Russie; ils étoient autrefois les vassaux
des Kabardins; mais aujourd'hui ils sont libres,
et se font un honneur de surpasser en brigan-
dage leurs anciens maîtres.

Le général Delpozo, qui commande dans une
partie de la ligne du Caucase, est un vieillard
de soixante-dix ans, qui a eu le malheur, il y a
quelques années, de tomber entre les mains des
Tschetschenzes. On commença par lui mettre
les fers aux pieds et aux mains, et pendant la
nuit on l'assujétissoit par un énorme collier.
Plus on le croyoit riche, plus on le tourmentoit,
dans l'espérance que le gouvernement russe

offriroit en sa faveur une forte rançon. Les
soldats ou paysans qui tombent entre les mains
de ces bandits sont plus heureux : on les laisse
aller et venir librement, pourvu qu'ils travaillent
aux heures fixées. Malgré les odieux traitemens
dont ils accabloient le général Delpozo, son âge
et son rang leur inspiroient une sorte de respect ; quand ils avoient des querelles entre eux ,
ils le prenoient pour arbitre, et suivoient ses
décisions comme des oracles. Après plusieurs
mois de cette dure captivité , le général recou-
vra enfin sa liberté moyennant une assez forte
somme. Ils lui dirent, en le renvoyant : « *Pa-*
» *pinka* (petit père), pardonne-nous tout le
» mal que nous t'avons fait. »

Il se trouva qu'ils ne gagnèrent rien à avoir
renvoyé le malheureux vieillard ; les Russes
surprirent peu de temps après le bétail qu'ils
avoient laissé paître, sans précaution , dans une
vallée ; et, pour le racheter, ils furent obligés
de rendre tout juste le prix de la liberté du général Delpozo.

L'infortune du major Swezoff fut bien plus
terrible : il resta prisonnier pendant une année
et demie, et ne dut sa liberté qu'aux efforts
extraordinaires du général en chef. Grâces
soient rendues au général Iermoloff ; il a trouvé
moyen , non pas à la vérité de réduire ce peuple

indisciplinable, mais de lui inspirer assez de frayeur pour le contenir. Depuis son commandement, la route militaire est beaucoup plus sûre.

A Sewernoe, qui se trouve à peu près à moitié chemin entre Starapol et Georgefsk, on découvre pour la première fois la chaîne majestueuse du Caucase : ces masses effrayantes, qui s'élancent jusque dans les nues, présentent les formes les plus bizarres, et les sommets couverts de neiges éternelles offrent toutes les couleurs imaginables ; c'est un des plus imposans spectacles qu'on puisse se figurer. Les pics de l'Elborus et du Casebeck se présentent aux deux extrémités de la chaîne comme pour en dominer l'ensemble. J'ai vu le pic de Ténériffe dont le parfait isolement suffit pour frapper d'admiration ; mais il n'y a rien là qu'on puisse comparer avec les hautes montagnes du Caucase. Les montagnards parlent d'un certain lieu situé, d'après leur estimation, à la moitié de la hauteur, et où l'on ne peut gravir à cause d'un vent terrible qui donne instantanément la mort aux malheureux voyageurs ; les oiseaux même périssent dès qu'ils atteignent cette région ; ils ajoutent qu'on y entend les cris effrayans des morts plongés dans le gouffre des enfers. Tout ce qu'on peut croire de ces récits, c'est qu'il y a au milieu de ces roches de granit quelque caverne d'où s'échappe un vent impétueux, à la violence duquel nul homme ne sauroit résister.

Le 20 septembre nous arrivâmes à Georgefsk où je fis connoissance avec le général Delpozo. L'ambassadeur se présenta quelques jours après ; son apparition inopinée surprit toutes les autorités qui avoient fait des dispositions pour le recevoir ; comme il étoit dans une simple chaise de poste, les personnes qu'on avoit envoyées à la découverte, et qui l'attendoient avec impatience, lui demandèrent si le général Iermoloff étoit encore bien loin ; Vous le voyez devant vous, répondit-il en souriant.

CHAPITRE II.

La peste fait de fréquens ravages à Georgefsk, et surtout dans l'hôpital. Le général Delpozo n'en remplit pas moins son devoir en visitant chaque jour cet établissement; il se frotte d'abord les mains avec du vinaigre , et prend garde de toucher les vêtemens d'aucun pestiféré. C'est une chose inconcevable que la manière dont la contagion se communique. Quelques personnes peuvent toucher impunément les bubons qui caractérisent cette affreuse maladie ; d'autres gagnent la peste sans avoir à se reprocher la moindre imprudence ; il y a dans chaque individu une disposition plus ou moins grande à être atteint de la contagion , et quelques personnes semblent en être entièrement préservées.

C'est au printemps et en automne que la contagion est la plus dangereuse : ses effets se manifestent par une douleur dans les côtés , par un violent mal de tête , et par des tumeurs qui viennent communément sous les aisselles ; les yeux deviennent hagards, la bouche écume, et l'on finit par expirer au milieu des souffrances. Les symptômes les plus favorables sont lorsque le corps du malade se couvre de taches rouges ; mais quelquefois cette éruption ne paroît qu'après la mort ; quand les bubons s'ouvrent, on est guéri. La peste s'en va comme elle est venue, sans que l'on sache comment ni pourquoi. L'ail mangé en abondance est un des préservatifs contre la peste. Plusieurs de mes camarades, qui ont servi en Grusinie, et qui ont eu occasion de voir beaucoup de pestiférés, m'ont raconté à ce sujet des choses qui font frémir. Toute communication est désormais interrompue : chacun reste prisonnier dans sa propre maison ; on n'aperçoit dans les rues que des malfaiteurs condamnés aux travaux publics, et dont l'office est d'enterrer les morts. Vêtus de longs manteaux enduits de poix-résine, ils saisissent avec de longs crochets les cadavres des pestiférés, et les conduisent hors de la ville au cimetière commun. On se demande réciproquement par les fenêtres des nouvelles de ses parens et de ses amis, et l'on entend de toutes parts retentir ces mots terribles : un tel a été enterré hier, un tel vient de gagner l'affreuse maladie.... et chacun se dit à soi-même : ce sera demain mon tour !....

Des scènes plus révoltantes encore se passent dans l'intérieur des maisons. Si quelque membre de la famille se trouve frappé de la contagion, il meurt, sans presque aucun secours, au milieu de douleurs inconcevables. Dès qu'il a rendu le dernier soupir, on appelle par la fenêtre les hommes à manteau de poix-résine ; ceux-ci n'obéissent pas toujours à l'injonction , et le cadavre gît toute la journée dans l'appartement jusqu'à ce que les fossoyeurs viennent enfin, par pitié, jeter le corps par la fenêtre , à l'aide de leurs longs crochets : on expulse avec lui de la maison tous les vêtemens qu'il a portés , ou seulement qu'il a touchés.

On est bien heureux quand il ne meurt qu'une seule personne dans une maison : quoi qu'on fasse, on ne sauroit se préserver de tout contact avec les pestiférés; d'ailleurs on reçoit souvent la peste d'un homme avant que les symptômes s'en soient manifestés sur lui-même d'une manière non équivoque. Celui qui reste le dernier connoît toute l'horreur de son état, et voit arriver lentement la mort. Je n'ai pas besoin de dire la difficulté qu'on éprouve pendant ce temps à se procurer des vivres.

Lorsque le plus grand danger est passé, qu'une foule d'habitans a été moissonnée, et qu'on a mis à l'hôpital ceux qu'on soupçonne d'être encore malades, les maisons s'ouvrent l'une après l'autre, et l'on en voit sortir des spectres vivans, des fantômes hideux, qui se félicitent réciproquement d'être échappés à la contagion ; mais on n'ose pas encore se toucher ; on ne se parle dans les rues qu'à une distance respectueuse, et l'on prend bien garde de se heurter en passant. Les pères n'ont plus d'enfans, les maris ont perdu leurs épouses, et souvent d'une nombreuse famille, une seule personne survit. Des gémissemens affreux retentissent, et le peuple se rend en foule aux églises pour faire des prières, et chercher des consolations.

Pendant les ravages de la peste, nombre de personnes enfouissent leurs effets, dans la persuasion qu'ils ne sont pas encore imprégnés du mauvais air ; ils les retirent quelques mois après de leurs cachettes ; mais souvent, par le contact de ces mêmes effets, la peste renaît avec une nouvelle énergie. On assure que les vêtemens ainsi enterrés peuvent, durant plusieurs années, conserver le germe de la peste. Le plus sûr moyen est de les tenir le plus long-temps possible exposés à l'air et au soleil.

La ville de Georgefsk doit être dans une situation fort mal saine : je fus enchanté d'en partir dès le 28 septembre. Cependant les eaux thermales des environs passent pour les plus salutaires de l'Europe.

Le général russe, qui commande la province, a fait bâtir des maisons fort commodes pour les buveurs d'eau ; ils étoient jusqu'alors réduits à camper en quelque sorte dans les ki-bitches, ou voitures de voyage qui les avoient amenés.

De Georgefsk à Mosdok on suit la rivière Terek. Cette rivière sort également du Caucase, et se jette ensuite, non loin de Kislar, dans la mer Caspienne. La contrée est dangereuse, à cause des Kabardins, qui se disent, à la vérité, les amis des Russes, mais résistent peu à la tentation de piller, quand ils peuvent le faire impunément.

L'ambassadeur nous rejoignit à Mosdok, où nous employâmes quelques jours à faire les préparatifs du passage des montagnes.

Le 2 octobre, tout étant prêt, nous nous réunîmes sur le bord du Terek, et nous fîmes un déjeuner frugal. Après le départ des bêtes de somme et des équipages, nous montâmes sur le bac, et, d'un cœur oppressé, nous dîmes adieu à l'Europe. Il y avoit, de l'autre côté de la rivière, une compagnie de chasseurs, quelques Cosaques, et une pièce de canon, pour nous servir d'escorte. Nous nous mîmes lentement en marche au son du tambour.

Notre société étoit fort nombreuse ; cependant, l'éloignement où nous allions nous trouver de l'Europe civilisée, la sympathie des sentimens, et encore plus la bienveillance de notre chef, établirent entre nous des liens intimes : j'en atteste tous mes compagnons de voyage, ils diront que ce terrible trajet de Mosdok à Tiflis ne fut cependant pas sans agrément.

De Mosdok à Wladikaukas on compte trois marches, et l'on y est exposé sans cesse aux agressions des Tschetschenzes. On traverse deux gorges de montagnes : l'une devant la redoute de Constantin ; l'autre un peu de côté. La première forme, à environ quinze werstes de Mosdok, un passage très-commode pour les brigands. On doit se féliciter de ce que ces gens-là n'attaquent jamais ouvertement les voyageurs. Un malheureux officier, qui resta seulement d'une heure en arrière à Mosdok, dans l'espérance de nous rejoindre bientôt, grâce à la vitesse de son cheval, fut surpris et assassiné. C'est une preuve que ces bandits sont partout, mais on ne les voit nulle part.

D'autres montagnards, plus civilisés, se sont mis sous la protection des redoutes construites par les Russes ; il y en a déjà un assez bon nombre dans le voisinage du fort Constantin et du fort Elisabeth.

La forteresse de Wïadikaukas est la clef du pays. Le général Delpozo n'a rien épargné pour l'augmenter et pour l'embellir, et il est parvenu

à en faire un séjour charmant. La rivière Terek,
qui baigne le pied des fortifications, est très-
rapide : on a cependant trouvé le moyen d'y jeter
un pont; mais ce pont est quelquefois emporté
par les hautes eaux.

Jusqu'à présent, nous n'avions couru aucun
danger réel dans ces montagnes : le général qui
nous avoit accompagnés jusqu'à Georgefsk, assura que nous n'avions rien perdu pour attendre,
et que le trajet de Wladikaukas à Dariella ne
laissoit pas d'être effrayant.

Nous nous remîmes en marche le 5 octobre,
et nous vîmes tomber les premières neiges. Le
thermomètre de Réaumur marquoit 5 degrés
au-dessous de glace. Dans l'espace de six werstes,
nous côtoyâmes le Terek, dont les flots rouloient
avec un bruit épouvantable : nos chariots s'y
arrêtèrent. Cela me parut assez naturel; car il
n'y avoit devant nous qu'une roche de granit
escarpée, s'élevant à perte de vue, et dans laquelle un étroit passage sembloit à peine suffire
pour laisser échapper les eaux bouillonnantes
du Terek. Quel fut donc mon étonnement de voir
tout à coup les chevaux se remettre en marche
et s'élancer, l'un après l'autre, dans cette espèce
de gouffre! Celui que je montois suivit la même
impulsion.

On ne sauroit se faire une idée d'une traversée aussi périlleuse. Devant soi un chemin escarpé ; à gauche un affreux précipice , dans lequel la rivière coule avec tant de fracas , qu'il seroit impossible aux voyageurs de se dire un seul mot. A droite est un mur de granit qui s'élève perpendiculairement au-dessus de la tête. Les montagnes se groupent par-dessus les montagnes ; il faut quelquefois jusqu'à cinquante soldats pour traîner une seule voiture ; et bientôt après , en descendant la côte , ils sont obligés de la retenir, au risque de se casser le cou.

Les roches de granit se resserrent de plus en plus , et l'on se croit presque dans un abîme où ne pénètrent jamais les rayons du soleil ; il y règne une humidité continuelle ; les cris des conducteurs, répétés au loin par les échos , sont couverts par le bruit effroyable des roues et des essieux des chariots.

Je fus plus d'une fois tenté de demander où nous conduisoient ces gens-là ; car des roches de granit étoient les seuls objets qui s'offrissent à mes regards. Cependant, le chemin serpentoit, et bientôt, après quelques sinuosités, on trouvoit un espace plus libre ; on n'apercevoit du ciel qu'une ligne bleue au-dessus de la tête, et l'on avoit tout juste assez de lumière pour ne pas se perdre au milieu d'épaisses ténèbres. O prodige ! nous arrivâmes enfin dans une espèce de clairière[1], et nous aperçûmes, au sommet d'un pic escarpé, la petite forteresse de Larey. Nos gens se virent avec joie au terme d'une course pénible. Auprès de la forteresse est un misérable village presque souterrain, et dans lequel réside un prince appelé *doulet*. Ses prédécesseurs pilloient autrefois impitoyablement les voyageurs : aujourd'hui on y met plus de procédés.

Le doulet pria l'ambassadeur de lui faire l'honneur de visiter sa taupinière, et il lui servit un régal de prince, c'est-à-dire, de la chair de mouton rance.

En nous éloignant du Terek, nous trouvâmes la route de plus en plus sinueuse. C'est une merveille que les hommes soient venus à bout de maîtriser ainsi la nature.

Quoiqu'il y ait peu de distance entre Wladikaukas et Dariella, nous n'arrivâmes à ce dernier lieu que fort tard, et excédés de faim et de fatigue. Un spectacle tout différent s'offrit le lendemain matin à notre réveil. Nous pouvions à peine nous reconnoître, et le chemin qui se présentoit à nos yeux nous sembloit tout-à-fait impraticable. La forteresse ou redoute consiste en deux maisons, tellement encaissées dans les rochers, que de loin elles ne paroissent que comme un point noir à l'horizon. Je ne conçois pas comment on a fait pour y jeter un pont sur le Terek. Le soleil ne se montre, vers midi, que pendant une heure et demie. La garnison est relevée le plus souvent qu'il est possible ; car ce seroit un tombeau pour les soldats qu'on y condamneroit à un trop long séjour.

Tous ces objets effrayans n'altérèrent ni le courage ni la bonne humeur de notre troupe. Nous prîmes les choses comme elles étoient, et nous partîmes à cheval du triste séjour de Dariella.

Le chemin continuoit de serpenter au milieu des rochers, et l'on trouve, à la distance de cinquante werstes, un gouffre dont le sommet se confond dans les nues ; il est formé par les cimes de plusieurs rochers, tous également invisibles. Ce gouffre produit régulièrement, tous les sept ans, une grande révolution dans le Caucase (1). Qu'on se figure, en effet, le fracas qui doit se faire dans les montagnes, lorsque tout à coup, du sommet du Casebeck, qui ne le cède guère, en hauteur, à celui de l'Elborus, se détache quelque fragment des éternels glaçons dont il est hérissé. Ce glaçon immense, entraîné par son poids, parcourt plusieurs werstes avec

----

(1) A notre retour de Perse, en 1817, cette révolution se fit au mois de septembre, et précisément après un intervalle de six ans, comme on nous l'avoit prédit.

une incroyable rapidité, il se grossit à chaque
instant par les neiges et les fragmens de roche
qu'il arrache sur son passage. Cette épouvantable avalanche, que rien ne sauroit contenir,
arrive enfin au fond de l'abîme, et barre tout
d'un coup la rivière Terek.

Au-delà de cette digue, les eaux cessent de
couler ; les poissons demeurent à sec sur le
rivage, tandis qu'en-deçà il se forme un lac
immense. Les eaux continuent de s'amasser,
interrompent la route, et se fraient un passage
en renversant tous les obstacles. L'amas de
glaces et de neiges ne se fond qu'au bout d'une
année ; mais les quartiers de granit et les sapins
qu'il a entraînés continuent d'arrêter le cours
de la rivière, et produisent l'aspect le plus
étrange.

Nous regardâmes avec une sorte de stupeur
ces lieux sauvages ; mais nous fûmes encore plus
étonnés d'apercevoir, au sommet d'un rocher,
un antique monastère, tant il nous paroissoit
singulier que des hommes pussent gravir à cette
hauteur !

A midi, nous visitâmes le général qui commande à Casebeck. C'est un montagnard qui a
rendu de grands services à la Russie ; il retient
sous le joug de la discipline des espèces de barbares, et pourvoit à la sûreté des chemins. Il

nous fit servir un repas à la manière asiatique ; on y voyoit force riz bouilli et beaucoup de viande de mouton.

Les voyageurs passent d'ordinaire la nuit à Casebeck ; mais nous préférâmes aller coucher à Kobi. Chemin faisant, nous vîmes plusieurs villages, s'il est possible de les appeler ainsi. Nous remarquâmes une petite caverne dans les flancs d'une haute montagne de granit ; on nous dit que c'étoit un ermitage ; nous ne tardâmes pas en effet à voir une figure humaine qui sortoit de son repaire en rampant, au grand péril de sa vie. Le bon ermite nous rejoignit près d'une croix plantée au milieu du chemin ; c'est là qu'il reçoit les aumônes des passans. Combien n'a-t-il pas fallu d'années à ce pauvre homme pour se creuser dans le granit le plus dur une misérable cellule qui ressemble à la tanière d'une bête fauve !

Kobi est aussi une espèce de petite forteresse où l'on compte seulement trois maisonnettes. Nous y trouvâmes du feu pour nous chauffer, mais rien autre chose. Nos équipages, et surtout le fourgon qui portoit les provisions et les us-tensiles de cuisine étoient encore très-loin. Nous avions fait depuis midi une vingtaine de werstes à cheval, et nous étions affamés. C'étoit le seul contre-temps qui fût capable de détruire notre gaîté ; cependant notre général fit tous ses efforts pour nous consoler des désagrémens d'un aussi mauvais gîte.

Nous nous retirâmes, harassés de fatigues et fort maussades, dans plusieurs petites chambres ; à minuit, aucun des voyageurs n'avoit encore fermé l'œil, lorsque tout à coup une voix s'écria : Le fourgon est arrivé, voici notre cuisinier Nitika ! Ce n'étoit pas tout de voir arriver le fourgon, il falloit encore faire du feu, et employer beaucoup de temps aux préparatifs du souper ; mais nous y mîmes tous la main, et le colonel Wilgamiroff s'amusa à composer une chanson en l'honneur du cuisinier ; cette chanson n'avoit pas seulement le mérite de l'à-propos, elle étoit pleine d'esprit et d'enjouement. Sans rien dire au général, nous l'apprîmes par cœur ; au dessert, Nitika fut appelé, et l'on chanta les couplets qui avoient été composés en son honneur, et auxquels il ne s'attendoit guère. Le général rit de bon cœur de l'embarras modeste du cuisinier, lorsqu'il entendit son nom répété en refrain par toutes les bouches.

La femme de l'auteur des *Lettres sur le Caucase et la Georgie*, que j'ai eu l'honneur de connoître, n'a sans doute pas éprouvé un moment aussi agréable à Kobi, où elle a passé huit jours. Elle apprendra peut-être avec plaisir

que, grâces aux soins du général Delpozo, il
existe maintenant dans ce fort trois maisons, et
que, si elle y revenoit, elle ne seroit plus exposée
à manquer du strict nécessaire.

CHAPITRE III.

Le 7 octobre, nous quittâmes Kobi et prîmes congé du général Delpozo , qui nous avoit accompagnés jusque là. Le temps étoit superbe, et nous allions franchir la terrible hauteur de Raschawo. Le soleil ayant fondu la neige , le chemin se trouva très-glissant, et nous ne cessâmes point de voir des précipices sous nos pas. La pente escarpée des montagnes ralentissoit singulièrement la marche des chariots, et ils n'avançoient même qu'à force de bras. Tantôt les rochers s'élevoient à perte de vue , tantôt s'offroit une vaste perspective ; nous arrivâmes insensiblement dans un étroit défilé ; c'est le trajet le plus difficile et le plus périlleux entre Mosdok et Tiflis ; on doit se féliciter quand on l'a franchi sans encombre.

Après une longue marche , nous vîmes sur le Kreptowajagora une croix consacrée en signe de délivrance par la gratitude de quelques voyageurs ; mais, suivant moi, on n'a pas placé cette croix où il falloit ; c'est là en effet que commence le chemin le plus escarpé et le plus détestable ; on parcourt encore deux werstes, et l'on arrive au Gud-Gora, qui ne cède en rien au premier. Dans cette rude traversée, on ne fait guère attention à la beauté de la perspective dont on pourroit jouir au sommet du Kreptowajagora.

J'ai déjà dit que notre général soutenoit notre courage et notre gaîté ; une circonstance particulière rétablit nos forces : c'étoit l'anniversaire de la bataille de Leipsick, dont le souvenir doit être cher aux Russes ; nous le célébrâmes de notre mieux. Nous arrivâmes, ayant de la neige jusqu'aux genoux, au sommet du rocher où est plantée la croix, et nous bravâmes un vent impétueux qui nous auroit précipités dans l'abîme, sans la neige qui nous retenoit. Nous criâmes deux hourah, et bûmes à la santé de l'empereur Alexandre, de notre brave armée et de l'ambassadeur.

De cette hauteur, le point de vue étoit magnifique, mais nous n'en jouîmes pas long-temps ; il fallut descendre en nous servant à la fois des pieds et des mains, et ce ne fut pas sans de grandes peines. Arrivés au pied du Gud-Gora, nous continuâmes le voyage par un sentier qui a tout juste la largeur qu'il faut pour laisser passer une voiture à deux roues ; on l'a pratiqué sur le penchant de la montagne. A droite se trouvent différens précipices ; à gauche, des massifs de rochers qui semblent prêts à s'écrouler sur la

tête des voyageurs. Le sentier est pavé en quelque
sorte de gravois et de petits cailloux ; c'est là
aussi que se font sentir ces fameuses avalanches
qui, dans la saison, détruisent tout sur leur
passage. Elles n'arrivent guère qu'à la fin de
l'hiver et au printemps, lorsque le soleil commence à agir sur la neige. On ne peut à cette
époque voyager le jour dans les montagnes, et
on ne les traverse que la nuit.

Les quatre werstes, que l'on doit parcourir
depuis le Gud-Gora jusqu'à la station de Ruschaour, ne sont pas des plus agréables ; mais le
chemin n'offre plus les mêmes périls. Nous
passâmes la nuit à Ruschaour, et nous nous
mîmes ensuite en devoir de descendre la montagne de ce nom ; c'est le dernier obstacle
qui se présente dans cette carrière. Cette montagne est escarpée et moins dangereuse que les
routes par où nous avions passé, quoiqu'une
multitude d'infortunés voyageurs y ait perdu la
vie. On n'aperçoit d'abord qu'un espace immense blanchi par la neige, borné à l'horizon
par des brouillards bleuâtres ; bientôt, et à mesure qu'on descend la côte, la campagne prend
un aspect plus riant ; les tristes apparences d'un
hiver éternel se dissipent ; ce ne sont plus des
rochers, mais des arbres et de la verdure ; on
entend le chant des oiseaux ; on arrive enfin à

une charmante vallée que baigne le cours majestueux de l’Aragua ; là se trouvent des champs
cultivés, des villages, et quelques ruines d’anciens châteaux forts ; de toutes parts des paysans
industrieux vaquent à leurs occupations respec-
tives ; on se croit transporté tout d’un coup
dans un paradis terrestre, et la nature semble
se complaire à dédommager les voyageurs du
hideux spectacle qu’ils ont eu sous les yeux jusqu’alors. Une escorte n’est plus nécessaire ; on
peut voyager en toute sûreté ; on est, en un
mot, dans la nouvelle province russe de Grusinie.

On a élevé au pied de la montagne, à l’endroit
où cessent toutes les difficultés, un simple monument à la mémoire du colonel Daniloff ; c’est
cet officier qui est parvenu à frayer une route
dans ces terribles déserts ; il faut le voir pour se
faire une idée des obstacles de tout genre qu’il
a eus à surmonter.

Le cours de l’Aragua est tout-à-fait opposé à
celui du Terek ; mais ce n’est pas la seule différence que la nature ait mise entre ces deux
rivières.

Nous avions enfin franchi le pic le plus élevé
du Caucase, et nous entrions dans une vallée
enchantée, pour ainsi dire, par un chemin
droit et uni, bordé d’arbres verts jusqu’à Pas-
sanaour. Le lendemain, en nous rendant de

Ananour à Duchet, nous vîmes un spectacle toujours aussi neuf qu'intéressant. Bien qu'on ne puisse comparer cette contrée aux rives de l'Aragua pour son aspect pittoresque, un peintre de paysage y recueilleroit de précieux matériaux, et s'élèveroit aux plus nobles inspirations.

Nous logeâmes à Duchet, dans un ancien palais du czar Héraclius. C'est un bâtiment de médiocre étendue, fermé d'un grand mur; mais il ne présente absolument rien qui, dans notre manière de voir en Europe, puisse donner l'idée d'un palais.

L'édifice consiste en deux étages très-bas; il est entouré d'une galerie de bois, et les chambres sont si petites, qu'on les prendroit pour les cellules d'un couvent de religieuses. Peut-être qu'autrefois le séjour de la cour y prêtoit des charmes; mais ce n'est plus qu'une masse confuse et de la plus pauvre apparence. Je vis là, pour la première fois, des échantillons de l'antique architecture géorgienne; elle ne demandoit pas de grands efforts de génie. Les maisons sont construites dans la terre sans aucune espèce de toit, en sorte qu'on arrive au milieu d'un village ou même d'une ville, sans s'en douter.

Le 10 octobre, nous suivîmes, par Mschet, la route de Tiflis. La journée étoit superbe, et le chemin montueux. On ne supposeroit jamais que cette affreuse ville de Mschet fut jadis la résidence des czars de Géorgie.

L'Aragua se confond avec le Koura, anciennement appelé le Cyrus, et leurs eaux réunies s'écoulent vers la mer Caspienne. On ne sauroit juger ni par l'espace qu'occupe la ville actuelle, ni même par les ruines éparses, de l'antique splendeur qu'a eue la ville de Mschet. S'il étoit vrai qu'elle eût été bâtie par un des descendans de Noé, portant le même nom, ce seroit sans contredit la plus antique cité de l'univers. On n'y voit plus que quelques centaines de pauvres familles.

Une église assez jolie s'élève au milieu des débris du palais des czars. Ce que cette église offre de merveilleux, c'est qu'elle subsiste depuis plusieurs siècles, et qu'on n'a pas employé un seul morceau de fer à sa construction. Toutes les églises de la Grusinie sont bâties de la même manière, avec des blocs d'une pierre grise ; le toit lui-même est réuni en une seule masse, qui semble braver la durée des siècles. Derrière le château est une petite chapelle dédiée à sainte Ninon, qui, au IVe siècle, introduisit le christianisme dans la Grusinie, et est devenue pour cette raison la patronne du pays. Cette Ninon, bien différente de celle qui vivoit au temps de Louis XIV, ne dut être guère moins séduisante, puisqu'elle sut tirer tout un peuple de la barbarie. Le czar Mérian se convertit le premier à la religion chrétienne, et fut imité par ses sujets. Sainte Ninon prêchoit l'Evangile en tenant à la main une simple croix de bois garnie de ses propres cheveux.

L'ambassadeur partit seul de Mschet en côtoyant le Koura, afin d'arriver à Tiflis *incognito*, et de surprendre le général qui y commandoit. Quant à nous, nous suivîmes le grand chemin, et passâmes à une werste de Mschet sur le Koura, un pont que l'on prétend avoir été construit par Pompée.

C'est une étrange maladie de l'esprit humain de n'admirer une chose qu'autant qu'elle remonte à une origine reculée. Je parie que, sans la magie du grand nom de Pompée, nous aurions passé le pont sans y faire la moindre attention ; nous l'examinâmes cependant comme une des merveilles de l'univers.

Cette pierre, disoit l'un, présente tous les vestiges d'une haute antiquité ; ces arches, disoit l'autre, sont à la fois légères et hardies. On ne travaille plus comme cela aujourd'hui, s'écria un troisième. Un de nos compagnons considéra avec ravissement deux tourelles, dont le sommet ressemble beaucoup à nos fromages pointus de l'Esthonie, et il s'extasia sur leur élégance. En

un mot, chacun cherchoit dans ce monument
un motif d'intérêt et d'admiration. Quant à moi,
s'il faut le dire, ce que je trouvai là de plus merveilleux, ce fut un grenadier russe en faction
sur le pont du grand Pompée. Il est vrai que si
Pompée revenoit au monde, ce seroit aussi ce
qui le frapperoit davantage.

Nous suivîmes la rive droite du Koura, et
entrâmes fort tard à Tiflis. Le gouverneur,
M. le général Stahl, avoit eu l'attention déli-
cate de faire arranger sa propre maison pour
recevoir l'ambassadeur ; j'eus moi - même le
bonheur d'y être logé. Ce mot de bonheur n'est
pas exagéré ; car à Tiflis on ne se loge pas
comme on veut.

CHAPITRE IV.

Séjour à Tiflis.

LE seul objet de cet ouvrage est d'exprimer les sensations ou les réflexions que font naître en moi tant d'objets nouveaux : ainsi, qu'on ne s'attende pas à une description topographique de la province de Grusinie. Assez d'autres écrivains se sont déjà occupés de cette tâche beaucoup mieux que je ne le ferois. Tout le monde sait que la Grusinie est située par 40 degrés de latitude septentrionale entre la mer Caspienne et la mer Noire. Les redoutables voisins de ce pays, les Turcs et les Persans, l'ont d'autant plus maltraité dans leurs expéditions guerrières, que toute la Géorgie, et par conséquent la Grusinie qui en fait partie intégrante, sont soumises à la religion chrétienne. Cette circonstance elle-même a fait connoître aux chefs du pays qu'ils n'auroient jamais de repos et seroient éternellement en butte aux attaques des deux puissances musulmanes. Tantôt les Turcs inquiétoient les Géorgiens, à cause de leurs relations avec les Persans, et tantôt ceux-ci les punissoient d'une alliance avec ceux-là. Les Géorgiens n'avoient

la force ni de se défendre contre une invasion ,
ni de conserver leur neutralité. Excités par la
misère et le désespoir, ils ne virent d'autre
moyen de salut que de se jeter dans les bras des
Russes. Ils ont pris ce parti , et n'ont pas à s'en
repentir.

Malgré les fléaux qu'ont fait éprouver tour à
tour la guerre, les mauvaises récoltes, la peste
et les dissensions intérieures occasionnées par
l'avidité de quelques - uns de ses princes, la
Géorgie est aujourd'hui plus riche que jamais.
Les propriétés sont respectées ; les impôts sont
plus doux et mieux répartis; le prince ne règne
que par les lois; le peuple bénit l'empereur
Alexandre.

Du temps des czars de Géorgie, chaque
prince, ou plutôt chaque noble, jouissoit d'un
pouvoir illimité ; ils avoient droit de vie et de
mort sur leurs vassaux, disposoient entièrement
de leurs propriétés, et n'étoient tenus de rendre
compte à personne : enfin , les habitans ont vu
le terme de la puissance des seigneurs. Je ne
dissimule pas cependant que certaines gens
blâment fort le régime actuel, et parlent avec
enthousiasme de l'ancien système de dépré-
dation.

Autrefois on ne pouvoit sortir de l'enceinte
de Tiflis sans courir le risque de tomber entre

les mains des brigands. Il y a maintenant peu
de contrées de la Grusinie où l'on ait besoin
d'une escorte pour voyager. Le peu de sûreté
des chemins rendoit jadis tout commerce impossible, d'autant plus que les czars eux-mêmes
rançonnoient les marchands sans pitié. Il s'est
établi, tout récemment, plusieurs maisons de
commerce considérables qui entretiennent de
grandes relations avec la Perse et Astracan.

Enfin, les routes étoient presque imprati-
cables, et l'on ne pouvoit se tirer des rues même
de Tiflis, après de fortes pluies. Cet état de choses
a bien changé sous le gouvernement du général
Iermoloff. Dans un court espace de temps, il a
fait construire des maisons et paver les rues.
De belles places publiques donnent à l'air une
libre circulation dans des lieux où n'existoient
autrefois que des passages étroits et infects ; en
un mot, quiconque reviendroit à Tiflis après une
année seulement d'absence, ne reconnoîtroit
plus la ville.

Les habitans eux-mêmes ont fini par se con-
vaincre qu'il étoit plus agréable d'être logé dans
des maisons commodes et élégantes que dans
des espèces de chenils ; ils ont même reconnu
que des fenêtres ouvertes sur les rues pouvoient
donner à de malheureuses femmes quelque consolation dans leur captivité, sans nuire aux droits

des maris : aussi a-t-on vu naître tout à coup dans cette ville une telle fureur de bâtir, que les maçons n'y ont pu suffire.

L'ancien hôtel du gouverneur, qui n'étoit qu'un ridicule mélange de l'architecture européenne et de l'architecture asiatique, a été démoli et a fait place à des constructions dans le goût moderne, ornées d'une élégante colonnade.

Les Géorgiens furent d'abord surpris de ce genre de décoration ; mais il s'y accoutumèrent, et surtout l'imitèrent. Pour peu que cela continue, dans quelques années Tiflis sera une jolie ville.

Les eaux minérales de ce canton sont renommées. Les habitans s'y rendent en foule tous les samedis. Les hommes y passent toute la journée à fumer du tabac, à se régaler de vin et de fromage, ou à jouer de la guitare : c'est presque le seul jour heureux qu'ils connoissent dans la semaine.

Les femmes ont des bains particuliers, où elles s'occupent à se noircir les cheveux et les sourcils, et à se teindre les ongles avec une couleur rouge. Leur visage, mêlé de blanc et de noir, ressemble exactement à ces poupées que l'on donne, en Allemagne, aux enfans le jour de Noël (1).

---

(1) Voyez le roman de Werther.

Jamais une femme ne sort sans être affublée, de la tête aux pieds, d'un voile lugubre. Leurs sourcils, artificiellement noircis, sont la seule partie de leur figure qu'elles laissent apercevoir volontiers.

Lorsqu'une femme rencontre dans la rue un ou plusieurs Russes, et que le passage est trop étroit pour qu'elle puisse changer de direction, elle se tourne la figure contre la muraille jusqu'à ce que ces hommes redoutables soient passés. Les jeunes officiers s'amusent quelquefois à parodier cette coutume, dictée par la pudeur; ils se rangent eux-mêmes devant le mur en se couvrant la figure d'un mouchoir blanc, et font, avec la pauvre femme, assaut de modestie, jusqu'à ce que d'un côté ou de l'autre on se lasse, soit de la rigueur de la coutume, soit de la plaisanterie, et l'on finit par se souhaiter, de part et d'autre, un bon voyage.

Le seul plaisir que les Géorgiens permettent à leurs femmes, c'est de prendre l'air les dimanches et les jours de fêtes sur les toits en forme de terrasses ; quand plusieurs personnes du même sexe se trouvent ensemble, elles dansent au son du tambourin. Cette danse est extrêmement vive; le mouvement des mains ne manque pas de grâce, mais le mouvement des pieds ne sauroit se distinguer sous d'amples vêtemens, souvent même il est tout-à-fait arrêté. Rien n'est bizarre comme la démarche d'une dame géorgienne.

Il y avoit encore un autre divertissement très-couru des femmes, mais où elles n'assistoient que comme spectatrices. A certaines fêtes solennelles, toute la population sortoit de la ville et se divisoit en deux bandes guerrières, qui offroient le simulacre d'un combat. On déployoit des deux côtés un incroyable acharnement, jusqu'à ce qu'un des deux partis eût été forcé d'abandonner sa position. On faisoit, en attendant, pleuvoir de part et d'autre une grêle de pierres, et l'on en venoit aux mains à coups de bâton ou de sabres de bois, que les gens du pays manient avec beaucoup d'habileté. Les petits enfans, qui n'osoient se fourrer dans la mêlée, servoient de troupes légères, lançoient des pierres sur l'armée opposée, et en recevoient aussi leur part. Tout cela ne finissoit pas sans qu'il y eût beaucoup de gens meurtris et estropiés; quelques uns même y perdoient la vie. On se faisoit un point d'honneur de ne pas se plaindre des accidens; les mères elles-mêmes étoient témoins des malheurs arrivés à leurs fils, avec la résignation des femmes spartiates.

Le général Iermoloff a pensé qu'un jeu qui coûtoit habituellement la vie à deux ou trois personnes, et qui en mettoit un bon nombre

d'autres au lit pendant plusieurs jours, étoit un
peu trop sérieux : il n'a permis la continuation de
la petite guerre que sous la condition expresse
qu'on ne lanceroit plus de pierres, mais qu'on
se battroit seulement avec des sabres de bois :
ces armes occasionnent à la vérité de fortes
contusions, mais du moins elles ne font pas de
victimes.

On promit au général tout ce qu'il vouloit ;
mais la coutume fut plus forte que les nouveaux
réglemens. Lorsqu'un des partis se voyoit sur
le point d'être débusqué, les têtes s'échauffoient,
tous les moyens paroissoient bons pour ne pas
abandonner la victoire : il étoit naturel, dans
un pareil moment, de se saisir des cailloux qui
se trouvoient sous la main. Il fallut donc en
venir à prohiber tout-à fait cet amusement cruel,
et je suis persuadé que plus d'une mère rend
grâces au ciel de son abolition. Ce genre de bataille se nommoit *tamascha*. Les plus grands
princes ne dédaignoient pas de se mêler dans
la foule des combattans.

Après avoir proscrit ce jeu barbare, le général imagina un autre délassement plus noble,
mais qui ne fut d'abord accueilli que par des
murmures.

Il existoit, au centre même de la ville, un
ancien cimetière, fort révéré par l'antiquité

de ses monumens funèbres; mais il occupoit beaucoup trop d'espace, et il étoit entouré des rues les plus sales et les plus dégoûtantes. Le général fit abattre les murs de clôture et niveler le terrain, après avoir rendu les pierres sépulcrales aux familles. Les maisons environnantes furent ornées de jolies façades. On jouit désormais d'un air délicieux dans cette place publique, qui ne dépareroit aucune cité européenne. Un soir on y a exécuté un concert et tiré un feu d'artifice; toutes les femmes de la ville s'étoient rassemblées dans les maisons voisines. Je ne doute pas que si le gouverneur vouloit répéter ces concerts plusieurs jours dans la semaine, les habitans de Tiflis n'oubliassent bientôt leurs insipides et dangereux tamascha.

La manière dont le général Iermoloff a su parvenir à ses fins, donne lieu d'espérer que d'ici à quelques années toute la Grusinie ne sera plus reconnoissable. Jusqu'à présent il a rencontré beaucoup d'obstacles dans les circonstances; mais il n'est rien dont on ne vienne à bout avec le désir d'être utile à son pays : l'empereur ne refuse rien de ce qu'on lui demande, et les gouverneurs de la Grusinie exercent une autorité presque illimitée.

Le climat est ici d'une beauté inconcevable ; le soleil n'est presque jamais caché par des nuages.

En été, la chaleur seroit insupportable ; mais on va chercher contre elle un refuge dans les montagnes, où l'on trouve un air plus frais ; il règne aussi dans la ville des vents du nord assez constans , qui renouvellent l'air et dissipent la chaleur ; mais ils sont très-dangereux par les rhumes et les catarrhes qu'ils occasionnent. Les indigènes , à la vérité , en souffrent peu ; leurs appartemens étant percés d'une multitude de fenêtres et de portes, ils sont accoutumés, dès leur plus tendre jeunesse, à des courans d'air continuels.

En hiver la neige ne couvre pas la terre pendant plus de trois semaines, et le thermomètre de Réaumur ne descend jamais au-dessous de huit degrés. Dès le mois de février la verdure renaît, les amandiers fleurissent ; les pluies sont fréquentes au mois de mars, les chaleurs y succèdent, et c'en est fait alors de la verdure ; tout se brûle et se dessèche : c'est dans cette saison qu'on a le plus à redouter les scorpions, les tarentules et les phalangiens.

A la vérité la piqûre de ces insectes est rarement mortelle ; les suites en sont même peu graves, si l'on a soin de frotter sur-le-champ la plaie avec de l'huile ; mais on éprouve une sensation douloureuse : c'est même un grand sujet d'effroi que de voir grimper ces hideux animaux le long des murs , ou d'en trouver dans ses draps en se couchant. Au surplus c'est un des incon-véniens inséparables du climat ; et la crainte de rencontrer ces insectes venimeux , fait fuir l'herbe des prairies que l'on aime tant à fouler aux pieds dans des régions tempérées.

Les jardins de Tiflis sont irréguliers , et ne consistent guère qu'en treilles de vigne La liqueur qu'on en extrait au pressoir est douce et légère , et ressemble beaucoup au bon vin de France. Il est fâcheux que les habitans n'aient pas coutume de conserver leur vin dans des ton-neaux , mais dans des outres de cuir de porc , enduites intérieurement de naphte. Ce bitume communique à la liqueur un goût si repoussant que les étrangers s'habituent difficilement à boire le vin dans cet état ; mais avec le temps on n'y prend plus garde. Dans la province de Rachetiem, où l'on recueille le meilleur vin, les habitans le conservent dans de grandes jarres de terre ; cette liqueur a dans ce cas un goût ex-cellent ; mais, pour la transporter, il est indis-pensable de l'enfermer dans des outres de cuir, appelées *bourdouks*.

Les fruits sont en abondance et d'une saveur exquise ; les raisins se conservent presque d'un automne à l'autre.

Les colons wirtembergeois, auxquels le gou-

verneur a assigné des terrains, ont eu la plus
heureuse influence sur l'amélioration de l'agriculture , et le perfectionnement de tous les
genres d'industrie. On leur a bâti des maisons
non loin de la ville : ils ont été pourvus de bestiaux, de semences, et on leur a donné des secours en argent. J'ai eu le bonheur de voir des
paysans allemands apporter au marché de Tiflis
du beurre , du fromage , et même de la bière.
Ces bonnes gens disent qu'en Allemagne ils
manquoient de tout ; la misère et la faim les ont
forcés de s'expatrier. Leur conduite est vraiment exemplaire ; ils savent apprécier ce que
le gouvernement russe fait pour eux, et en té-
moignent leur reconnoissance par la docilité et
le travail. Je ne doute pas que cette colonie ne
contribue beaucoup à améliorer les mœurs de
la Grusinie, et il en étoit grand besoin.

Le sol est d'une richesse extrême ; il suffit
d'en effleurer légèrement la surface, et d'y jeter les semailles ; on y récolte trente pour un.
C'est pour cela que les naturels sont enclins à la
paresse : les villages sont construits en quelque
sorte sous terre, et ressemblent de loin à ces
éminences élevées par des taupes.

Autant les soldats sont mal dans leurs quartiers, autant ils se trouvent bien chez les habitans. On n'avoit pas encore songé à établir des

4.

casernes dans la Grusinie ; le gouverneur voulant suppléer à ce défaut, a fait choix d'un emplacement salubre où l'on a établi un moulin à eau ; la mouture des grains pour la troupe coûtoit autrefois au gouvernement des sommes considérables. Mais pour cela il a fallu faire venir d'Astracan des haches, des pelles, des marteaux, en un mot toutes sortes d'ustensiles, car il n'y en avoit aucun dans cette province à demi sauvage.

Quoique la plupart des années soient bonnes, et les récoltes abondantes, les vivres étoient quelquefois d'une cherté excessive, et la fourniture des vivres à la garnison entraînoit la ville dans d'énormes dépenses. Depuis quelque temps on a établi des magasins, et l'on a mis des bornes aux exportations.

Au mois de novembre le gouverneur parcourt les frontières, et visite les différens kans assujétis à payer des tributs à la Russie. Les chefs ont coutume de faire des présens considérables qu'on ne sauroit refuser sans les offenser. Le général a trouvé un moyen d'accepter ces dons sans leur causer trop de préjudice. Il a prié les kans de ne pas lui donner autre chose que des moutons qui font leur principale richesse, et il envoie ces animaux aux régimens : on en forme de petits troupeaux qu'il n'est pas difficile d'entretenir, à cause de la bonté des prairies où il y a du fourrage toute l'année. Depuis quelque temps le nombre total des béliers et des brebis fournis par les kans se monte à six mille têtes de bétail, et les soldats mangent de la viande presque tous les jours, sans que les troupeaux diminuent, parce que les brebis sont d'une fécondité prodigieuse ; les soldats ont en outre le profit de la vente des peaux.

La chasse est variée et productive : les campagnes fourmillent de lièvres, de cerfs, de bouquetins et de faisans. Il y a parmi les animaux de proie une sorte de chakal auquel on donne le nom de *tschekatka ;* il ressemble beaucoup à un loup , mais il est plus petit et beaucoup plus dangereux. On ne sauroit s'empêcher de frissonner en entendant ses hurlemens : telle est sa hardiesse qu'il s'introduit la nuit dans les camps des soldats , et s'empare de leurs bottes dont le cuir est pour lui un grand régal. Quand cet animal est affamé , il pénètre dans les cimetières , et dévore les cadavres nouvellement enterrés.

Les hyènes sont très-nombreuses ; il y a beaucoup moins de tigres ; cependant nous avons été témoins d'une aventure surprenante. Les soldats vont souvent à la chasse, et les commandans la leur permettent volontiers , car ils s'exercent ainsi à tirer juste. Deux nouvelles recrues, arrivées depuis peu de la Russie, se donnèrent ce plaisir. Comme ces jeunes soldats parcouroient une contrée fort couverte, un animal se précipita tout à coup sur eux avec fureur. Le premier soldat tira sur lui et le manqua ; l'autre eut la présence d'esprit de laisser approcher la bête féroce, et de l'ajuster si adroitement au milieu du front, qu'il l'étendit roide morte. Nos deux militaires, soupçonnant peu le danger qu'ils avoient couru, se félicitèrent seulement d'avoir conquis une si belle fourrure, et ils la portèrent en triomphe à leur quartier. C'étoit la peau d'un tigre d'une grandeur monstrueuse ; jamais je n'en ai vu de plus belle. Ces soldats novices ne se doutoient guère d'avoir fait une action qui dans les Indes eût passé pour héroïque. Ce tigre avoit été sans doute chassé par la famine des environs de Bagdad.

Il y a quelque temps, j'ai vu passer à Tiflis une petite caravane que son zèle pour le mahométisme portoit à entreprendre un long et pénible voyage. Parmi les petites peuplades du Caucase, qui parlent toutes sortes de langues, et passent pour être la source des diverses nations d'Europe, il se trouve une tribu de tartares Nogais. Il part chaque année de cette tribu environ cinquante hommes qui font le voyage de la Mecque, et traversent d'affreux déserts,

afin de visiter le tombeau de Mahomet. Peu ver-
sés dans la géographie , ils font sans doute
beaucoup de détours inutiles ; cependant ils ne
mettent que cent cinquante jours pour aller et
revenir. Ces dévots pèlerins transportent avec
eux tout ce qu'ils possèdent ; ils se font un honneur d'en laisser une bonne partie aux imans de
la Mecque , et reçoivent en échange un mouchoir
blanc qui a touché le tombeau du prophète ; ils
prennent alors le nom de *hadgi* dont ils sont
très-fiers.

Je causai avec un de ces gens-là par curiosité ;
mais il ne put me donner aucune lumière sur la
route qu'il avoit suivie , ni sur les merveilles
qu'il avoit pu voir : tout ce que j'appris de lui ,
ce fut qu'il faisoit si chaud dans les pays qu'il
avoit traversés, que , pour cuire la viande , il
suffisoit de l'exposer sur une pierre échauffée
par le soleil.

Peu à peu toutes les personnes attachées à
l'ambassade se rassemblèrent à Tiflis, et nous y
passâmes le temps d'une manière fort agréable.
Plusieurs membres de la légation , pour célébrer la nouvelle année , donnèrent au général
Iermoloff une fête où l'on joua très-bien la co-
médie. La plupart des Géorgiens, qui n'avoient
jamais assisté au spectacle, s'en amusèrent d'a-
bord beaucoup ; mais ils finirent par s'ennuyer,

et, qui pis est, par s'endormir. Quelques jours après on donna un grand concert où fut réuni tout le beau monde de la ville ; nous n'y vîmes pas sans surprise un magnifique piano fabriqué à Pétersbourg, et qu'on étoit parvenu à transporter sans dommage au-delà des monts.

Il étoit nécessaire d'avertir le gouvernement persan de notre arrivée ; en conséquence M. le conseiller Masorowitsch et M. de Ricard partirent les premiers pour Téhéran. Une légère indisposition de l'ambassadeur nous retint jusqu'au 17 avril 1817, et ce fut à cette époque que nous sortîmes de Tiflis.

CHAPITRE V.

Composition de l'ambassade.

La Gazette de Hambourg a prétendu que la dernière ambassade de Perse se composoit, pour la plus grande partie, d'officiers français, et elle a porté le mensonge jusqu'à donner une liste nominative de ces personnes ; je puis assurer au nom de l'ambassadeur, et la liste suivante en fera foi, qu'il n'y avoit dans notre troupe aucun Français, pas même en qualité de cuisinier. Voici la liste complète :

M. le lieutenant-général Iermoloff, ambassadeur extraordinaire et ministre plénipotentiaire ;

MM. Negri et Sokoloff, conseillers d'ambassade ;

M. le colonel Iermoloff, maréchal de légation ;

M. le conseiller Cudabascheff, secrétaire d'ambassade ;

M. le conseiller Richlefsky, commissaire ;

Le major Krause, caissier (1), etc. etc.

____

(1) Suivent, dans l'original, les noms des divers gentilshommes d'ambassade, officiers, interprètes, etc.

Nous étions de plus accompagnés d'un prince kabardin, avec sa suite, composée de huit hommes, et nous avions pour escorte vingt-quatre grenadiers, vingt-cinq Cosaques réguliers, vingt Cosaques irréguliers, trente musiciens, et tous les domestiques nécessaires aux personnes de la légation. Le nombre total s'élevoit à près de trois cents individus.

CHAPITRE VI.

L'AMBASSADEUR, ayant reçu en cérémonie une visite de congé du major-général baron Koutousoff, se rendit solennellement à l'église pour implorer la bénédiction du ciel sur notre voyage : accompagnés de toute la population de la ville, nous partîmes de Tiflis au son des cloches, dans l'après-midi du 17 avril.

Le conseiller Muller, établi depuis plusieurs années en Grusinie, et qui n'a pu renoncer au séjour de ce pays, quoique la peste lui ait enlevé tour à tour ses malheureux amis, et qu'il ne leur ait survécu que par une espèce de miracle, me fit une proposition que j'acceptai ; ce fut de prendre un chemin plus court, mais qui conduit par une montagne extrêmement escarpée, et d'où on n'a plus que quelques werstes à parcourir jusqu'à Kodi. Le docteur Pribel et le pharmacien William nous accompagnèrent : nous fûmes amplement récompensés des fatigues de ce trajet par une vue imposante de la chaîne du Caucase et du cours argenté de la rivière Koura.

Le soir, nous arrivâmes à Kodi, à la première couchée. Le général Stahl, le général

Koutousoff et plusieurs princes géorgiens y avoient suivi l'ambassadeur.

Du reste, le début de notre voyage ne fut pas très-agréable ; les cuisiniers arrivèrent tard, et nous couchâmes à la belle étoile.

On voit de Kodi les ruines de Saganloug, sur la véritable route de Tiflis. Il ne s'y trouve guère d'autres habitans que les scorpions et les tarentules ; et les seuls édifices sont quelques misérables cabanes de terre qui constituent l'apanage du prince Arbelianoff. On ne voit presque pas en cette contrée de simples gentils-hommes à qui l'impératrice Catherine n'ait conféré ce titre purement honorifique, en sorte que la Grusinie compte presque autant de princes que de paysans. C'est, à la vérité, par l'effet d'une méprise sur le mot de la langue nationale, qu'on a traduit par celui de prince ; et si l'impé-ratrice l'avoit su, les Russes verroient chez eux au-jourd'hui quelques milliers de princes de moins.

L'ambassadeur, fort incommodé aux pieds, par suite de ses blessures, voyageoit alternative-ment à cheval et dans un petit droschki. Aucune autre personne de la légation n'étoit en voiture, les chemins de la Perse étant si mauvais, qu'on ne sauroit y faire marcher des chaises de poste.

Le 18 avril, nous passâmes par Emir et par Aivasli, sur les bords de la rivière de Hram. Une chaleur suffocante et une multitude d'insectes nous incommodèrent toute la matinée. A moitié chemin, nous traversâmes la rivière Alget, sur un pont de pierre fort ancien. Les habitans ne connoissent ni à quelle époque, ni par quel peuple ce monument a été bâti ; il est probable qu'il est de construction romaine.

Devant nous étoient les monts Bartschaliens, couverts de neige ; à droite s'élève le château de Kolagivi, dont le séjour est si mal sain en été, que ni les hommes, ni les animaux ne sauroient y vivre. Le passage de la rivière Hram n'est pas du tout engageant ; le cours en est extrêmement rapide ; les chevaux entrent dans l'eau jusqu'au poitrail, et l'on est obligé de prendre pour guides un grand nombre de gens du pays ; car un seul pas hors de la bonne voie mettroit les voyageurs en danger de se noyer.

Nous passâmes tous fort heureusement, Dieu merci, et fîmes halte dans un camp formé de kibitches ou chariots tartares. Ce sont des espèces de paniers tressés en forme de demi-globe, ayant par devant une ouverture que l'on tourne de manière à se mettre à l'abri des inclémences de l'air. Quoiqu'il y eût un village à proximité, nous préférâmes de beaucoup ces voitures légères et commodes à l'intérieur sale et fétide des habitations tartares.

Pendant que nous dînions à l'ombre d'un arbre touffu, un Tartare se présenta avec un singe savant, qui exécuta devant nous plusieurs tours de son métier. Cet animal à longs poils gris, et dont la partie postérieure du corps est nue et rouge, m'a paru d'une espèce non décrite par les naturalistes.

Le 19, le gouverneur civil de la Grusinie, le général Stahl, le général Koutousoff et les princes géorgiens qui nous avoient suivis par politesse, retournèrent à Tiflis. Nombre de villages, et les ruines de plusieurs antiques châteaux, nous récréèrent la vue sur cette partie de la route. Le chemin étoit souvent bordé de bouquets d'arbres, et suivoit la lisière d'une forêt où l'armée grusinienne va camper en été pour fuir la chaleur dévorante de Tiflis. Nous nous abritâmes, contre le soleil de midi, sous un ombrage épais, et nous y dînâmes au doux murmure d'un ruisseau.

La route devient de plus en plus pittoresque. On gravit en serpentant le long d'une montagne boisée qui recèle des mines de cuivre. Nous passâmes le pont d'Achkorpi, au pied de la montagne d'Achsebejouk, où l'on avoit préparé un camp avec les kibitches. De grands arbres, formant une barrière impénétrable au jour, produisoient un écho que nous prenions plaisir à exercer.

Le 20, nous continuâmes à voir des sites ra-
vissans. A quelque distance du camp que nous
venions de quitter, le chemin se dirige tout à
coup en serpentant sur les flancs du mont
Achsebejouk : on trouve d'abord une épaisse
forêt ; bientôt les arbres s'éclaircissent, et l'on
arrive, en suivant une pente douce, à un plateau
sur le bord d'un précipice, dans la situation la
plus pittoresque : au bas se trouvent plusieurs
vallons enchanteurs. En s'avançant toujours,
on entre dans une superbe avenue formée par
la nature ; elle conduit au sommet d'une hauteur d'où l'on contemple, comme aux environs
de Tiflis, les ramifications immenses du Caucase.
Nous reconnoissions de là tous les endroits
où nous avions passé les nuits précédentes :
plusieurs rivières parcouroient les vallées en
différentes directions, et se perdoient dans un
horizon presque sans bornes.

L'ambassadeur, charmé comme nous de ce
spectacle, dit aux personnes qui l'entouroient :
« Nous admirons l'étendue de ce paysage, mais
» ce n'est qu'un point du vaste empire soumis
» aux lois d'un seul homme ! »

Cette idée est vraiment sublime, et l'on
croira peut-être difficilement, dans la suite des
siècles, aux prodiges qui ont réuni un si grand
nombre d'Etats.

Nous saluâmes ici, pour la dernière fois, le Caucase, cette barrière imposante de notre patrie, et nous nous arrachâmes avec peine à la contemplation de ces sites admirables. Nous franchîmes diverses collines ; les forêts disparurent, et nous aperçûmes tout à coup devant nos yeux deux montagnes de granit, entre lesquelles n'existe qu'un étroit passage ; il y règne constamment un vent terrible. La montagne a reçu son nom de ce passage qui semble bien digne de servir de porte ou de bouche aux enfers. En langue tartare, Achsebejouk signifie *la grande gueule*. Telle est la force du vent, qu'il coupe la respiration et fait chanceler les hommes et les chevaux : je ne puis mieux comparer sa violence qu'à celle d'un ouragan que j'ai essuyé en naviguant dans les mers du Japon, et qui rompoit tous les cordages. Après avoir passé cette *bouche infernale*, nous descendîmes par une pente douce dans une vallée. La contrée est stérile, très-froide, et nous nous trouvâmes assez mal de notre campement.

Le 21, les bords de la rivière Kamenaja nous offrirent un spectacle d'un autre genre. La côte, formée d'un granit brun, s'élève à pic à quarante brasses de hauteur : on y passe sur un pont dont la montée est rapide, et qui est parsemée de pierres d'une grandeur monstrueuse.

Il falloit transporter à bras tous nos effets, et ce travail exigea plus de quatre heures. On a creusé dans le roc, à l'aide de la poudre à canon, un chemin qui est encore très-mauvais ; pour le rendre meilleur, il faudroit dépenser des sommes exorbitantes. A peu de distance de là sont les ruines de Lori, ancienne capitale de la Petite-Arménie ; on y comptoit autrefois six mille maisons ; c'étoit le séjour des rois, et l'on dit que cette capitale a soutenu un siége de sept ans. Il n'y existe plus guère qu'une trentaine d'édifices. C'est un des nombreux vestiges qu'on rencontre çà et là de l'antique splendeur de l'Arménie. Ce peuple est aujourd'hui dispersé dans tout l'univers : ici, les Arméniens se sont confondus avec les Géorgiens, et font avec eux un commerce de brocantage, dans lequel ils les trompent le plus qu'ils peuvent.

La situation du pays et la direction extrêmement variée des montagnes font que, dans le court espace de vingt-quatre heures, on peut y éprouver l'effet des quatre saisons. Pendant la nuit nous sentions le froid glacial de l'hiver ; le jour, dans une marche pénible, nous éprouvions la chaleur de l'été, et le soir, arrivés au pied du mont Besabdal, nous goûtâmes les douceurs du printemps.

Le 22, nous gravîmes le mont Besabdal, en

laissant derrière nous les arbrisseaux en fleurs ;
les oiseaux, dont le ramage nous avoit charmés ;
l'herbe, dont la verdure nous récréoit la vue.
A mesure que nous montions, la nature sembloit en deuil ; les arbres étoient dépouillés ;
l'herbe étoit jaune et flétrie; nous marchions dans
la neige : un vent froid et humide nous faisoit
trembler. Parvenus au sommet de la montagne,
nous descendîmes, non sans danger, par une
côte escarpée le long d'un ruisseau qui tomboit
en cascades.

Après un trajet d'une lieue, il se fit un nouveau changement de décoration, et nous quittâmes de nouveau nos fourrures ; les arbres,
chargés de fleurs, reproduisoient l'apparence
délicieuse du printemps; la rivière Bambak, que
l'on traverse sur plusieurs ponts, déployoit son
cours pittoresque. Dans l'éloignement se montroit le clocher de la petite ville de Karaklissa,
entourée de collines plantées de sapins. La couleur sombre de ce clocher a donné son nom à la
ville. *Kara* signifie noir, et *klissa*, église. Le climat, dans cette contrée, est absolument le même
que celui des régions moyennes de la Russie,
quoique la latitude soit de quarante degrés; ce
lieu est renommé par la bonté de son miel et de
ses truites.

Nos militaires s'y trouvèrent si commodément logés, qu'ils n'auroient jamais cru être dans une ville tartare. Ce motif, bien plus que la fatigue du voyage, détermina l'ambassadeur à s'y reposer deux jours ; car on ne pouvoit se flatter de trouver désormais de pareils gîtes, soit en Grusinie, soit en Perse.

Le 25, nous traversâmes Bekanti, petit village arménien. Il eût été plus court de nous diriger sur Erivan par les montagnes ; mais elles étoient couvertes de neige, et nous serions restés trois jours sans trouver un seul village. L'ambassadeur préféra donc la route de Gumri, comme plus agréable, quoique plus longue. A la moitié du chemin est une profonde caverne qui existe vraisemblablement depuis des siècles ; les voyageurs, et même des troupeaux considérables, y cherchent souvent un abri. Je n'oserois assurer qu'ils y dorment tranquillement, car la rivière Bambak passe tout auprès de ce gouffre, et le bouillonnement des eaux produit dans la caverne un retentissement affreux. On ne sauroit s'en approcher sans frémir. Oh ! voyageur, qui que tu sois, n'aborbe ces lieux qu'avec respect ! ne porte pas un pied profanateur sur cette tombe qui recouvre un héros, quoiqu'aucune inscription ne retrace ses hauts faits d'armes ! Cette croix blanche t'apprend seulement le lieu où reposent ses restes.

En 1805, pendant la guerre entre la Russie et la Perse, le prince Sizianoff, alors général en chef dans la Grusinie, et dont l'assassinat sera un sujet éternel de honte pour ses lâches ennemis, assiégeoit la ville d'Erivan. La garnison de cette place étoit égale en nombre à l'armée russe ; elle fut secourue par une forte armée persane que commandoit l'héritier présomptif du trône, et les assiégeans se virent bientôt assiégés à leur tour. On les cernoit de tous côtés, et leur situation étoit encore plus critique que ne le fut celle du prince Eugène devant Belgrade.

Sizianoff conserva toutefois une attitude imposante ; les Persans ne parvinrent pas à l'entamer, et il ne renonça pas un seul moment à son entreprise. Cependant les vivres commençoient à lui manquer, et ses magasins les plus proches étoient à Karaklissa, à la distance de cent soixante werstes. Son armée consistoit seulement en quelques mille hommes ; il ne pouvoit l'affoiblir sans de grands dangers. Dans l'impossibilité d'envoyer à Karaklissa un corps plus nombreux, il y dirigea un brave officier français, le colonel Montrésor, avec deux cents grenadiers et une seule pièce de canon ; il lui donna ordre d'y prendre des munitions et des renforts, et de venir ensuite le rejoindre. Montrésor passa heureusement pendant la nuit à travers les lignes persanes, et il avoit déjà gagné une marche au point du jour ; mais les Persans détachèrent après lui plusieurs milliers d'hommes. Montrésor se battit pendant toute la journée, et fit sa retraite en bon ordre. Il se fortifia pendant la nuit sur une éminence, et s'y mit à l'abri d'une surprise. Au point du jour, il se fraya intrépidement un passage à travers les Persans qui l'avoient entouré, et il poursuivit sa marche.

Cependant, au milieu de ces escarmouches continuelles, il ne lui fut pas possible d'aller plus loin que la caverne dont je viens de parler. En y arrivant, il apprit avec douleur qu'il ne restoit plus à chacun de ses soldats qu'une seule cartouche. Pour comble de malheur, un Tartare qui servoit sous ses ordres, déserta pendant la nuit, et rendit compte à l'ennemi de la situation désespérée de Montrésor. Les Persans, instruits qu'ils n'avoient plus qu'une seule décharge à essuyer, s'ébranlèrent dès l'aurore, et tombèrent tous à la fois sur cette poignée de héros, qui ne fit pas une longue résistance. On avoit entendu à Karaklissa le bruit du canon et de la fusillade, et l'on envoya des secours ; mais il étoit trop tard. Déjà Montrésor avoit péri de la mort des braves. Les tombes de ses infortunés compagnons entourent le monument qu'on lui a élevé.

La guerre avec la Perse a présenté plusieurs exploits de ce genre qui font le plus grand honneur à la nation russe ; je ne conçois pas comment on les a passés sous silence, tandis que, partout ailleurs, des bulletins fastueux ont célébré jusqu'à satiété les moindres affaires d'avant-poste. Je m'estime heureux de faire connoître une autre belle action dont le héros existe encore. Un détachement de six cents hommes, commandé par le colonel Karegin, se trouva attaqué par trente mille Persans, ayant à leur tête Abas-Mirza, le prince héréditaire. On se battit pendant trois jours dans un cimetière du village d'Askeran, et les Russes y disputèrent le terrain pied à pied, en se mettant à couvert derrière les tombeaux. Le cours de la rivière étoit malheureusement entre les mains de l'ennemi, et les Russes ne pouvoient se procurer un breuvage indispensable qu'en allant puiser de l'eau les armes à la main pendant la nuit. Le colonel Karegin imagina enfin une ruse de guerre pour sortir de cet embarras ; pendant la troisième nuit il décampa tout d'un coup, en laissant dans le cimetière quelques sentinelles et un tambour qui ne cessa de battre, comme si tout le corps d'armée eût été présent. Il fit, pendant ce temps, une marche forcée, et parvint à se jeter dans la forteresse de Schah-Boulach. Le brave tambour et ses camarades furent malheureusement victimes de leur noble dévouement : quand on s'aperçut au point du jour qu'ils étoient restés seuls, on marcha contre eux, et on les égorgea sans pitié.

Sur ces entrefaites, le prince Sizianoff, étant accouru avec douze cents hommes et quelques pièces de canon, culbuta l'avant-garde des trente mille Persans, et les mit en pleine déroute. Le schah de Perse lui-même, qui se trouvoit en personne sur l'Araxe, fut tellement effrayé qu'il se retira derrière ce fleuve, et détruisit le superbe pont de pierre de Houdaper, qu'on n'a pas songé à rebâtir depuis.

Le nom de Sizianoff est tellement redouté en Perse, que l'on s'en sert comme d'un épouvantail pour les enfans. Il faut savoir qu'à cette époque l'artillerie persane étoit presque nulle, et ne consistoit guère qu'en petits fauconneaux transportés par des chameaux.

Après avoir rendu près de la caverne nos hommages aux mânes de l'infortuné Montrésor, nous poursuivîmes notre route vers Bekanti en passant par Amamli. On y voit sur une hauteur une misérable redoute russe, où cent cinquante hommes se sont pourtant défendus avec une seule pièce de canon contre six mille Persans. L'ennemi n'a pu ni prendre la redoute, ni inquiéter les habitans qui s'étoient réfugiés sous sa protection avec tous leurs bestiaux.

Pour ne point passer la nuit dans des habitations souterraines, remplies de vermine, nous campâmes en plein air malgré la pluie.

CHAPITRE VII.

UNE vallée nue et stérile nous conduisit le 26
à la forteresse de Gumri, qui se trouve à la fois
sur les frontières de trois empires, la Russie,
la Turquie et la Perse. A partir de Karaklissa,
nous avions perdu de vue les arbrisseaux et la
verdure, et cette privation nuisoit beaucoup à
l'agrément de la perspective. Je vis le long de
la route les champs labourés par des charrues
attelées de dix bœufs qui avoient encore beaucoup de peine à ouvrir des sillons dans une
terre extrêmement forte. Les laboureurs s'ex-
citent au travail en chantant des airs si disso-
nans qu'ils déchirent les oreilles des étrangers.
Au lieu de herse ils emploient une grosse poutre
à laquelle s'attelle toute une famille, et ce moyen
réussit parfaitement.

Une nouvelle indisposition de l'ambassadeur,
et le mauvais temps, nous retinrent trois jours;
la neige tomboit sans cesse; nous éprouvions
deux degrés de froid, après avoir eu quelques
jours auparavant vingt-cinq degrés de chaleur.
Les quartiers militaires sont détestables; on a
fait un magasin de fourrages des ruines d'une

ancienne église ; le climat est, dit-on, le meilleur de toute la Grusinie ; c'est possible, mais notre plus grande satisfaction, ce fut d'en sortir.

Le 29 il faisoit un temps extrêmement favorable à notre voyage ; nous suivîmes les bords de la rivière Arpatshai. A gauche s'élève la haute montagne d'Alages : on voit dans le lointain un pic couvert de neige, qui, selon les sinuosités de la route, laisse tantôt apercevoir le célèbre mont Ararat, et tantôt en dérobe la vue. Nous fîmes halte à moitié chemin, à cause de l'excès de la chaleur ; nous établîmes notre camp au bord de la rivière où le prince kabardin tua d'un coup de fusil à balle un pélican d'une grosseur extraordinaire.

Nous mîmes d'abord par hasard, et ensuite par désœuvrement, le feu à l'herbe sèche ; les flammes s'étendirent au loin dans la plaine, et produisirent des tourbillons de fumée. On le fait souvent exprès dans ce pays ; l'herbe, après cet incendie, devient beaucoup plus belle qu'auparavant.

Sur le soir nous atteignîmes le caravansérail de Schirpoulou, dans lequel nous devions passer la nuit.

Les caravansérails sont des bâtimens destinés à la réception des marchands et des voyageurs. Ils sont tellement spacieux que toute une cara-

vane peut y loger avec ses chevaux et ses bagages. Plusieurs se distinguent par l'élégance de
leur architecture ; tous sont très-solides et construits en pierres de taille.

Celui de Schirpoulou est si ancien que l'é-
poque de sa fondation est inconnue : on ne sait
pas davantage l'origine du pont admirable qui
y a été jeté sur l'Arpatschai ; il étoit d'une seule
arche , et les culées ont vingt brasses (cent
pieds) de hauteur perpendiculaire ; malheureusement un tremblement de terre en a détruit le
cintre ; mais on peut se faire une idée du spectacle majestueux qu'il présentoit. Un cimetière
dans le voisinage prouve l'ancienne population
de la contrée ; on y voit des tombes qui datent
de plusieurs milliers d'années. Pendant la nuit,
nous soulevâmes une de ces pierres sépulcrales ;
elle portoit pour inscription le nom d'Alexandre.
Nous y trouvâmes un crâne et plusieurs ossemens
d'une grandeur prodigieuse , enfouis dans ce
tombeau depuis mille cinquante ans.

A dix werstes sont les ruines de la ville d'Anna,
antique capitale de la Grande-Arménie. Les his-
toriens rapportent que la cour en étoit brillante.
Les chefs de la Grèce y venoient souvent, et il
est probable qu'on y décida plus d'une fois du
sort de la nation entière. Quoique la ville ait
encore huit werstes de circuit, il n'y demeure

plus que dix familles. On remarque encore les débris des remparts, de plusieurs églises et de quelques anciens palais. Tout ce que les Persans ont respecté a été détruit par les tremblemens de terre.

Vers le soir, nous reçûmes la visite d'un officier turc de la ville de Kars, envoyé par Ali-Pacha pour complimenter l'ambassadeur, et lui souhaiter un bon voyage. Ce pacha commande la province turque voisine, et y maintient beaucoup mieux l'ordre que ses prédécesseurs. Ce fut pour le général Iermoloff un motif de plus de faire bon accueil à son envoyé, et de le gratifier d'un riche présent. Comme nous devions entrer le lendemain sur les terres de la domination persane, un des officiers du schah vint faire le dénombrement exact des hommes et des chevaux, et régler toutes les dispositions nécessaires.

Le 30 du même mois, après avoir laissé sur la droite la rivière Arpatschai, nous entrâmes dans un affreux désert; c'est la frontière de la Perse. Asker-Khan, ci-devant ambassadeur à Paris, vint au-devant de nous, à la tête de quelques milliers de cavaliers. Il complimenta le général au nom de son souverain, et nous annonça qu'il étoit le mehmandar de la légation russe. On appelle mehmandar un officier d'un rang supérieur chargé de recevoir soit une ambassade, soit un grand seigneur, et de pourvoir à tous leurs besoins. C'étoit une grande marque de déférence de la part du schah de Perse de nous donner pour mehmandar un personnage qui avoit joué le rôle de ministre plénipotentiaire.

Asker-Khan est un homme déjà avancé en âge; il a été envoyé à Paris, vers 1808, auprès de Napoléon; il a retenu quelques mots de la langue française, et il a été, pendant plusieurs années, général en chef de l'armée persane. Je dois dire, à la louange de notre ambassadeur, que, plein de respect pour l'âge et le poste élevé d'Asker-Khan, il lui a montré, pendant tout le temps de notre séjour en Perse, les plus grands égards, et n'a jamais souffert qu'il descendît, envers lui, aux soins minutieux qu'impose l'office de mehmandar. Tant de procédés surprirent beaucoup Najar-Ali-Beck, neveu d'Asker-Khan, lequel a accompagné son oncle à Paris, et s'est beaucoup plus perfectionné dans la langue française (1). Son amabilité et surtout sa franchise et sa mo-

____

(1) Un autre ambassadeur de Perse, Mir-Davour Zadour de Melick, s'est rendu, en 1816, auprès de S. M. Louis XVIII. Il avoit aussi amené son neveu, qui afait des progrès rapides et surprenans dans notre idiome; il parloit français à merveille. Comme il paroissoit chercher à déterminer quelques artisans à venir dans son pays, une jeune dame lui demanda

destie, qualités fort rares en Perse, lui ont conquis l'attachement de la légation entière.

Après les félicitations réciproques d'usage, toute la cavalerie se rangea en cercle autour de nous, et nous allâmes en avant. Pendant la marche, les Persans ne cessèrent de faire des manœuvres à leur manière : tantôt ils se poursuivoient les uns les autres, tantôt ils faisoient l'exercice à feu, tantôt ils feignoient de combattre à coups de lance : ce n'étoit pas seulement par manière de passe-temps, mais pour nous faire honneur.

Au milieu de ces distractions agréables, nous arrivâmes à Taline, qui nous présenta un des plus beaux sites du monde. Ici commencent les vastes plaines qui forment la province d'Erivan, bornée par le fleuve Araxe. On aperçoit, à l'extrémité de l'horizon, les deux sommets de l'Ararat, qui, semblables à d'énormes colosses, se perdent dans des vapeurs bleuâtres. Les impressions reçues dans l'enfance agissent toujours avec énergie sur notre esprit : la vue du mont

---

s'il emmèneroit aussi des femmes. « Non, madame, répondit
» le jeune et galant diplomate; celles que nous désirerions
» emmener n'y consentiroient pas, et nous nous soucions
» fort peu de celles qui feroient volontiers le voyage. »

(Note du traducteur.)

Ararat nous pénétra d'un saint respect ; nous considérâmes avec émotion ces lieux où, suivant l'Ecriture sacrée, s'arrêta l'arche de Noé ; ces lieux d'où se répandirent de nouveau sur la terre des couples de chaque espèce d'animaux sauvés du déluge universel. Quelles actions de grâces ne dut pas rendre le patriarche à son Créateur pour cette délivrance miraculeuse , lorsqu'il descendit dans la plaine, et se mit en devoir de la cultiver ! On montre encore l'endroit où l'on prétend que Noé a planté la première vigne. Depuis ce temps le pays est bien changé, car on a fait, à plusieurs reprises, de vains efforts pour parvenir seulement à la moitié de la hauteur.

Le mont Ararat, qui se présente en forme d'un pain de sucre, est blanchi, dans presque toute son étendue, par des neiges éternelles ; mais il y a vers le sommet une tache noire que jamais la neige n'a couverte , et l'on prétend que c'est par l'effet d'un miracle. Les dévots assurent que cette tache noire est précisément l'arche de Noé ; ceux qui ont moins de foi prétendent que c'est seulement la place où elle s'est arrêtée.

Nous fûmes reçus à Taline sous des tentes, à la manière persane. L'une d'elles étoit d'un luxe remarquable : au milieu se trouvoit un vaste

tapis, où l'on offrit des rafraîchissemens à l'ambassadeur et à toutes les personnes de sa suite.
Le repas consistoit en plusieurs services de confitures insipides et de sorbets. Chez les Persans
le sorbet est un breuvage composé d'eau sucrée
et de jus de fruits acides ; quand il fait chaud, on
le prend à la glace. Quoique cette boisson ne
soit pas mauvaise, elle ne vaut pas nos limonades
d'Europe, et encore moins les sorbets de Tor-
toni. Après qu'on se fut fait des complimens
réciproques, notre mehmandar nous souhaita
une bonne nuit, et nous nous réveillâmes sur la
frontière persane.

Taline est un village tartare, près d'un vieux
château construit depuis plus de mille ans, et
qui n'en est pas plus beau pour cela. On lit sur
une des façades cette inscription singulière : « Un
» père infortuné a légué à son fils, plus heureux
» que lui, ce château, qui fut sa retraite favo-
» rite. »

CHAPITRE VIII.

LE 1ᵉʳ mai, nous éprouvâmes pendant la nuit beaucoup plus de chaleur que nous n'en avions ressenti jusque-là. Dès l'aube du jour, nous nous acheminâmes à travers la plaine. Le général cosaque Sisajeff, et plusieurs autres officiers qui nous avoient accompagnés, retournèrent à Gumri. La chaleur devint étouffante, et la marche, sur un sol pierreux, étoit des plus pénibles. Une terrible révolution de la nature a dû se faire autrefois en ce pays. Dans l'espace de plusieurs lieues, l'œil du voyageur n'aperçoit qu'un sol jonché de pierres, grandes et petites; les chevaux trouvent à peine à y placer leurs pieds; enfin, nous entrâmes dans une région moins aride, et la plaine d'Erivan se présenta dans toute sa beauté.

C'est un grand délassement, après tant de fatigues, de voir enfin sur le territoire musulman les murailles et les tours d'une superbe église chrétienne. Nous avions devant les yeux le fameux monastère d'Ietschmiasin, le siége du patriarche d'Arménie : ses ouailles sont comme de foibles brebis au milieu des loups dévorans.

Depuis quinze cents années ce bel établissement a résisté aux guerres et à tous les fléaux qu'elles entraînent ; rien n'a pu intimider ni décourager les vertueux cénobites ; ils n'ont pas cessé de prier, même pour leurs oppresseurs.

Le vénérable patriarche Ephraïm vint à la tête de son clergé recevoir l'ambassadeur ; il prit le général par la main, et le conduisit au logement qui lui étoit destiné, au son des cloches et aux acclamations de toute la population arménienne, accourue des environs.

Nous fûmes logés dans des bâtimens d'une propreté et d'une élégance dont nous avions perdu l'habitude, et dont nous ne devions pas jouir pendant le reste du voyage. On nous servit un souper splendide, dans lequel nous bûmes du vin délicieux, qui me porta à croire qu'en effet Noé n'avoit pas trop mal choisi le lieu pour la plantation des premiers vignobles. Nous apprîmes avec une joie indicible que nous nous reposerions une journée dans cet endroit. Pourquoi notre séjour ne devoit-il pas être de plus longue durée ?

Le monastère d'Ietschmiasin, dont le nom en langue arménienne signifie *Descente du Fils de Dieu*, est un fort bel édifice. On y distingue plusieurs corps-de-logis en pierres de taille, avec des cours plantées de belles allées d'arbres, décorées de parterres, de bassins et de fontaines jaillissantes. On peut s'y promener au frais dans les jours de la plus grande chaleur. Les bâtimens sont construits en partie à la manière européenne, en partie selon le goût asiatique : la distribution en est commode et régulière.

L'ancienne église, située au milieu du monastère, et qui existe depuis quinze cents ans, est d'une architecture élégante, quoique bizarre ; elle offre, dans sa simplicité, quelque chose de sublime. Suivant la tradition du pays, saint Grégoire a vu descendre en cet endroit le Saint-Esprit, et c'est pour cela qu'il y a fondé une église. Plusieurs fois ce saint personnage entreprit un voyage pénible au mont Ararat, pour y recueillir quelques débris de l'arche de Noé ; mais ce fut en vain. Cependant, Dieu daigna à la fin lui en envoyer, dans un songe, un morceau, que l'on conserve avec vénération.

Des sommes considérables sont envoyées à ce monastère de toutes les parties du monde ; car c'est le seul endroit où les Arméniens puissent se procurer leur saint chrême. Cette huile sainte ne peut être préparée que par le patriarche, en personne, accompagné de douze évêques, et l'on ne sauroit trouver ce nombre ailleurs qu'à Ietschmiasin, où l'on compte trois cents moines.

6.

Les villages qui entourent l'abbaye ont la plus belle apparence. Ils auroient formé, à la longue, par leur réunion, une ville florissante; mais le gouverneur de la province d'Erivan y a mis bon ordre, en autorisant le pillage du monastère et de tout ce qui en dépend. Je suis persuadé que le schah, qui est un prince plein de magnanimité et de vertu, a ignoré cette infamie ; autrement, il auroit depuis long-temps rendu justice aux infortunés habitans de cette province, en les délivrant d'un monstre qui les tourmente par des cruautés continuelles. Ce *satrape* a amassé, pendant son administration, des trésors inconcevables. Trop âgé pour en jouir, il ne continue ses vexations que par habitude, et se fait surtout un affreux plaisir d'accabler le clergé arménien. Jamais il ne manque d'imposer à ces pauvres moines une forte contribution, lorsqu'il apprend qu'un voyageur chrétien a seulement passé la nuit dans leur couvent. Je ne doute pas que notre passage n'ait coûté cher à ces braves gens.

Le misérable gouverneur ne rougit pas de dire : « Ces chiens de chrétiens de Ietschmiasin » sont si contens de recevoir quelqu'un de leurs » frères, qu'ils ne sauroient trop payer un tel » plaisir. »

Lorsqu'il n'imagine pas d'autre prétexte pour les rançonner, il part tout à coup d'Erivan pour une partie de chasse, et vient rendre visite aux religieux qui, en récompense de tant d'honneur, sont obligés de lui faire de riches présens. Plusieurs de ses favoris viennent passer des semaines entières dans ce couvent, afin de s'y enivrer impunément, ce que leur religion ne leur permettroit pas de faire chez eux, faute de pouvoir se procurer du vin. Si on leur refuse la moindre chose, ils font à leur chef de faux rapports sur lesquels on prononce de fortes amendes contre le monastère.

C'est ainsi que le siége de la religion arménienne se trouve exposé à de continuelles avanies de la part d'un méchant homme qui est en même temps l'ivrogne le plus intrépide de la province.

Le patriarche voit tous les jours avec douleur les dons des fidèles ainsi dissipés : on a été obligé de vendre l'ancien trésor de l'église, afin de fournir à de telles exactions.

Les moines sont cependant résolus à tout supporter en patience, plutôt que d'abandonner leur cloître, tant ils trouvent de force dans leur courage et dans leur amour pour la Divinité. Pour ne pas renouveler le prétexte de ces avanies, l'ambassadeur a pris exprès à son retour une route différente.

Le second jour de notre arrivée à Ietschmiasin, nous assistâmes à l'office divin, auquel, en notre honneur, on donna une grande solennité. Le patriarche prononça un très-beau discours, et les moines, ravis de se voir au milieu de tant de chrétiens, chantèrent des actions de grâces. Nous étions tous vivement émus ; le vieux et respectable patriarche avoit à peine la force de s'exprimer. On chanta à la fin une prière dans laquelle furent étrangement confondus les noms de l'empereur Alexandre et du souverain de la Perse Fet-Ali-Schah. Après l'office, nous baisâmes les mains de saint Grégoire et de saint Jacques, et la lance qui a percé le flanc du Sauveur du monde. On nous montra aussi, suspendu à une chaîne d'or, un fragment de l'arche de Noé ; on auroit consenti à nous en vendre un petit morceau, mais le prix en étoit exorbitant. La sainte lance, dont le patriarche a bien voulu donner à chacun de nous une représentation en cire, a été souvent, dans les temps de peste, transportée en Grusinie, où l'on assure qu'elle a fait de nombreux miracles. En sortant de l'église, nous fûmes tous introduits dans les bâtimens du patriarche, et admis à lui baiser les mains. On nous servit ensuite un dîner somptueux, auquel n'assista pas le patriarche. Nos musiciens exécutèrent des airs russes à la satisfaction inexprimable, soit des

chrétiens, soit des musulmans qui les enten-
dirent, et nous étions tous dans une joie difficile
à peindre. Aucun de nous n'oubliera l'accueil
qu'il a reçu à Ietschmiasin.

CHAPITRE IX.

L E 3 mai, nous reçûmes, pour la dernière fois, la bénédiction du saint patriarche, et, dans l'après-midi, nous partîmes au son des cloches. A peu près à la moitié de l'espace entre Ietsch-miasin et Erivan, nous vîmes venir au-devant de nous Hassan-Khan, gouverneur de la province ; un corps de quatre mille hommes de cavalerie le suivoit. La plus grande partie de ces troupes est formée de Courdes, peuple brave et libre, à la solde de la Perse. L'ambassadeur parcourut deux fois au galop tout le front de la ligne. C'étoit un spectacle fort étrange. Les chevaux sont superbes et richement harnachés ; mais les cavaliers, et surtout les Courdes, ressemblent de loin à de vieilles femmes qui seroient mises de la manière la plus ridicule. Ils sont en selle comme accroupis, et tout chamarrés d'étoffes de soie ; leur coiffure n'est pas moins grotesque et garnie de longues franges pendantes. Ce singulier bonnet laisse à découvert un visage couleur de citron, et de larges moustaches ; les brigands de mélodrame sont des cupidons en comparaison de ces cavaliers. Les hommes, sous les armes, ne gardent pas le même silence que nos soldats européens. La musique se composoit de petites timbales et d'une multitude de fifres qui faisoient entendre les sons les plus aigus et les plus discordans.

Leurs armes principales sont les lances, dont la hampe est formée d'un long roseau. Les Courdes aiment à combattre, corps à corps, comme les Persans, et chargent au grand trot. Les fusils, les pistolets, les sabres sont de la meilleure trempe. Ils chargent leurs armes à feu avec une vitesse surprenante, en courant au galop, et ils en font un fréquent usage.

Lorsque l'ambassadeur fut arrivé près de Hassan-Khan, il lui fit toutes sortes de complimens sur la bonne tenue de sa troupe; la cavalerie se rangea en cercle, et exécuta des manœuvres, pendant lesquelles nous continuâmes lentement notre voyage.

A quelque distance de la rivière Sanga, qui baigne les murs d'Erivan, nous fûmes surpris par une forte averse. C'étoit un contre-temps des plus fâcheux, car nous étions tous en uniforme de cérémonie, et nous désirions faire une entrée brillante au son de notre musique. Nous passâmes la rivière à gué, dans un endroit où elle n'est pas large, mais rapide et profonde. Ce ne fut pas sans craindre quelque malheur pour nous ; mais il n'y eut de mésaventure que pour un Persan, dont le cheval ne se trouva pas assez fort pour résister au courant, et qui disparut en un clin d'œil au milieu des flots.

Hors des fortifications d'Erivan se tenoient sous les armes environ deux mille sarbas, c'est ainsi qu'on nomme en Perse l'infanterie régulière (*voyez l'Estampe en regard*), avec six pièces d'artillerie légère. A l'approche de l'ambassadeur, les troupes présentèrent les armes, les tambours battirent aux champs, et les fifres jouèrent l'air solennel des Anglais : *God save the King*. Nous fûmes flattés d'entendre une musique si connue et si agréable pour des oreilles européennes.

Au milieu de la ligne se tenoit Hassein-Kouli-Khan, qui est le sardar ou gouverneur de la province ; il vint à cheval à notre rencontre, précédé de six coureurs richement vêtus, et d'une espèce de *licteur*, c'est-à-dire d'un bourreau, portant sur l'épaule une hache d'argent. A ce cortége, on reconnoît que le sardar a le droit de haute justice. Derrière le gouverneur étoit une multitude d'officiers richement habillés. Son costume étoit une robe de cachemire et un turban de la même étoffe ; il portoit à la ceinture un poignard enrichi de diamans, et les harnois de son cheval étoient d'or massif. L'ambassadeur

Zembouraki Artilleur monté sur un Chameau.

Soldat d'Infanterie Persane   Officier Persan.

tendit la main au sardar ; ils se firent les complimens d'usage, et nous arrivâmes à la porte
de la forteresse où le sardar entra le premier,
en laissant à son frère le soin de nous y introduire en cérémonie.

Les habitans ne pouvoient retenir leur surprise de voir un homme aussi fier sortir de la
forteresse pour venir à notre rencontre ; c'est
un hommage qu'il ne rend qu'au souverain lui-
même ; mais l'ambassadeur avoit insisté sur cette
partie du cérémonial , et , pour surcroît de
contrariété , le sardar, la première fois peut-
être de sa vie , fut trempé par la pluie jusqu'aux
os.

Le frère du sardar nous conduisit au logement qui nous étoit réservé, et notre entrée
dans la ville fut célébrée par une salve d'artillerie. En arrivant, nous fûmes obligés de changer
de vêtemens de la tête aux pieds.

Les maisons persanes sont d'une construction très-légère, et ne consistent, la plupart,
qu'en un petit nombre de chambres ouvertes
du côté du nord. Au lieu de murailles, il s'y
trouve une grande fenêtre, ornée de vitraux de
diverses couleurs : ces fenêtres sont fermées
pendant la nuit ; mais on les laisse habituellement ouvertes pendant le jour. Il y a dans chaque
chambre un certain nombre de niches qui restent

tout-à-fait sans ornemens chez les pauvres ; mais chez les riches, on y voit des fleurs et des dorures. Le foyer est presque toujours en face de la fenêtre. Les chambres sont pavées en pierres, recouvertes de tapis chez les personnes opulentes, et de nattes chez les gens de la classe inférieure. Voilà, en peu de mots, la description de toutes les maisons de cet empire ; on y chercheroit en vain des chaises, des tables, des glaces ou toute autre espèce de meuble. Les Persans ont coutume de s'asseoir les jambes croisées, et ils laissent leur chaussure à la porte des appartemens. On sert les repas sur des plateaux dressés exprès ; et, quand un seigneur persan veut passer la nuit dans son harem, il y fait apporter un coussin pour lui servir d'oreiller.

Rien ne paroît ridicule et insipide aux Persans comme la promenade. Quand ils voient un étranger aller et venir, ils croient qu'il a quelque affaire : s'il continue à marcher en long et en large, ils le considèrent avec surprise, et finissent par croire qu'il est devenu fou. Presque jamais ils ne font un pas hors de leur maison autrement qu'à cheval. Le bon ton est de rester assis auprès de sa fenêtre, la main gauche appuyée sur le poignard, en conservant l'usage de la main droite pour gesticuler. Les valets se tiennent en dehors tout prêts à accourir aux moindres ordres : de quart d'heure en quart d'heure, le maître demande un autre kallioun ou pipe (1).

S'il arrive des visites, le maître de la maison fait donner une pipe à chacun des nouveaux venus : quelques unes de ces pipes ont le foyer en or, et même garni de pierreries. On sert dans l'intervalle, des confitures, un certain met spréparé avec de la graisse de mouton, puis du sorbet et des fruits. La conversation n'est pas très-spirituelle; pour l'ordinaire, elle consiste en complimens à la manière orientale, adressés au maître de la maison. Il a l'agrément de s'entendre dire que son teint est aussi vermeil que ses pommes d'api ; qu'on y remarque l'éclat du soleil ou la douceur des rayons de la lune, et l'on souhaite que, dans le jardin de sa destinée, les roses du bonheur ne cessent de fleurir.

Le noble Persan répond à toutes ces belles choses par un sourire de protection, parle du beau temps ou de la pluie, et attend en bâillant que le coucher du soleil amène l'heure de la prière, et par conséquent du départ de ses hôtes. Il ne manque pas toutefois de dire, en les congédiant, que jamais de sa vie il n'a passé une journée plus délicieuse. Les hôtes reprennent

____

(1) Le kallioun est une pipe dont la fumée se rafraîchit et s'épure, en passant dans un vase de cristal rempli d'eau.

leur chaussure à la porte, et renouvellent leurs complimens qui durent encore un bon quart d'heure ; après quoi ils s'en vont. Ceux qui occupent un rang élevé montent à cheval, entourés d'une vingtaine de valets de pied : un de leurs gens prend le coursier par la bride, et ils retournent lentement à leur maison.

Les princes et les grands seigneurs reçoivent à la fois la visite d'un millier de personnes qui se tiennent debout dans leur cour, et passent une journée entière à les attendre, quelquefois sans pouvoir obtenir d'être honorées d'une seule parole.

Les villes de Perse n'ont que des rues étroites ; on n'y voit rien que des murs percés çà et là de petites portes ; aussi ne jouit-on guère dans ce pays du plaisir de la promenade. On ne voit dans les jardins que des treilles entremêlées d'espaliers.

Pendant toute la journée que nous restâmes dans cette ville, il ne cessa de pleuvoir, chose, dit-on, sans exemple durant cette saison de l'année ; il n'y eut ce même jour, entre l'ambassadeur et le sardar, qu'un échange de politesses insignifiantes.

CHAPITRE X.

LE 5 , le temps se remit au beau. A dix heures du matin, le sardar vint faire une visite au général. Il se plaça sur une chaise avec assez de gaucherie, fuma beaucoup, parla peu, et agita à peine la tête ; mais en revanche, il but copieusement des liqueurs fortes, et brava les commandemens du Prophète. Ce qui doit surprendre, c'est que le gouverneur nous dit qu'il ne pourroit vivre sans le secours des liqueurs spiritueuses. Il s'en retourna au bout d'une grande heure, et nous invita tous à dîner. Nous partîmes à midi, et fûmes introduits en grande pompe dans la forteresse où le sardar réside seul. Il paroît que, du temps de Chardin, l'enceinte en étoit fort peuplée ; mais les gouverneurs en ont peu à peu chassé les habitans non militaires, et ils ont établi en quelque sorte leur trône au milieu des casernes. Notre cortége ne laissoit pas d'être imposant : l'ambassadeur, précédé des Cosaques et de la musique, étoit suivi des officiers de la légation, et un autre détachement de Cosaques fermoit la marche. Jamais la population d'Erivan n'avoit rien vu de semblable ; elle se pressoit en foule sur nos pas. Les préposés de la police maintenoient le bon ordre, en repoussant la multitude à coups de bâton, et même en jetant de grosses pierres aux plus récalcitrans : un pauvre diable, qui s'obstinoit à marcher entre l'ambassadeur et la musique, fut presqu'assommé avec une masse de fer dont on frappoit impitoyablement la tête du curieux ; je crois même qu'on l'auroit tué sur la place, si le général, touché de compassion, n'eût demandé grâce pour lui.

A la porte de la forteresse, nous cessâmes d'être assaillis par la population ; nous suivîmes une rue étroite, et descendîmes de cheval avant d'entrer dans le palais du gouverneur : nous y fûmes reçus par ses officiers.

Après avoir traversé plusieurs cours toutes remplies de soldats, nous fûmes conduits dans la cour d'honneur, décorée d'un bassin de marbre et de plusieurs jets d'eau. Nous y vîmes paroître le gouverneur lui-même, qui nous mena dans une salle spacieuse.

C'est dans cette salle que s'assemblent les principaux seigneurs d'Erivan : le frère du gouverneur et notre mehmandar furent les seuls qui eurent la permission d'y pénétrer avec nous.

On avoit pour les Russes toutes les prévenances imaginables, au point de faire apporter des chaises pour qu'il nous fût possible de nous asseoir à notre manière, et le gouverneur lui-même s'assit à la mode européenne.

Les murs de la salle étoient ornés de petits miroirs de toutes sortes de formes, et les lambris décorés de guirlandes de fleurs et de petits tableaux.

On aperçoit, en entrant, le portrait du schah et de son fils Abas-Mirza. Un autre tableau représente une chasse ; les règles de la perspective y sont si peu observées, que tous les personnages sont comme entassés les uns sur les autres, et semblent plutôt planer en l'air que reposer sur la terre. On y voit des portraits de femmes qui ont si mauvaise tournure, qu'elles semblent avoir le cou tors. Toutes ces peintures sont d'ailleurs dépourvues d'ombres et de clair-obscur ; mais le coloris est extrêmement vif, et susceptible d'une longue durée.

Le côté opposé aux fenêtres présente un grand enfoncement où se trouvent un joli bassin de marbre blanc et une fontaine jaillissante ; du côté qui est ouvert, on jouit de la vue d'un grand et magnifique jardin planté nouvellement. La rivière Sanga passe sous les fenêtres ; ses bords sont ombragés d'arbres majestueux, et l'on y voit un pont de pierre de plusieurs arches ; l'horizon est borné par le mont Ararat. (*Voyez la 2ᵉ division du Frontispice.*)

On ne sauroit se figurer une résidence plus délicieuse pendant l'été : les jets d'eau répandent une agréable fraîcheur ; il y règne un courant d'air continuel, et la vue du mont Ararat, perpétuellement couvert de neige, suffiroit pour faire oublier l'élévation de la température : cependant, telle est la chaleur qu'on éprouve à Erivan pendant la canicule, que non seulement les habitans quittent la ville pour se retirer sur les hauteurs voisines, mais que le sardar lui-même abandonne son château pour aller camper dans les montagnes.

Lorsque nous eûmes pris place, on nous présenta des pipes ; on mit ensuite devant chacun de nous une petite table garnie de sorbets et de confitures. J'ai déjà parlé de l'espèce de mets qui se prépare avec de la graisse de mouton. Malgré l'appétit qui nous dévoroit, nul de nous n'en put goûter, et l'on passa sur-le-champ à un autre service. Un grand nombre de domestiques parurent avec des nappes de toile des Indes à fond blanc et à fleurs peintes ; on lisoit dans les coins, et en caractères noirs, diverses sentences en langue persane, par exemple, celle-ci : « Les » mets et les fruits que vous mangez sont de la » meilleure qualité, et on vous les offre de bon » cœur. » Il eût été fort injuste en effet d'accuser la générosité du maître de la maison ;

car il y avoit là de quoi satisfaire mille personnes. Je ne parlerai que de ce qui fut servi
pour deux convives seulement, le docteur Muller
et moi : on jugera par là du reste.

Il y avoit d'abord une énorme galette qui
couvroit la table, et pouvoit avoir trois pieds de
diamètre. Les Persans la nomment *tschourek*,
et ils s'en servent à la fois en guise de pain et de
serviette. On nous servit secondement la moitié
d'un mouton, une cuisse de bœuf, deux plats
de rôti, cinq plats de différens ragoûts assai-
sonnés de safran, deux jattes de riz bouilli, deux
poulets bouillis, deux autres rôtis, deux oies à
la broche, deux plats de poisson, deux jattes
de lait aigri, un grand bol de sorbets, et quatre
flacons de vin.

Du reste, nous n'avions ni couteau, ni cuiller,
ni fourchette. Tous les plats étoient empilés
artistement les uns sur les autres. Le docteur
Muller et moi nous nous trouvâmes tout à coup
derrière une espèce de redoute qui nous déroba
à tous les regards, et il ne nous fut possible
de jeter un coup d'œil sur nos camarades, qu'à
travers les intervalles que laissoient les plats entre
eux. Je fus curieux d'examiner par une de ces
étroites ouvertures, ce que faisoit le sardar. Sa
main gauche ne quitta pas un seul instant le
manche de son poignard, attendu que les Persans

ne se servent jamais à table que de la main droite ; il plongeoit de temps en temps, avec une gravité extrême, trois doigts dans une jatte de riz assaisonné au gras, et portoit avec tant de dextérité les morceaux à sa bouche, qu'il ne salissoit pas le moins du monde sa barbe ni ses moustaches : il brisa ensuite un morceau de l'énorme galette, et, avant de le manger, il s'en servit pour s'essuyer les doigts. Il ne cessa de répéter ce manége jusqu'à ce qu'il eût goûté de tout ce qui lui plaisoit. Enfin, il prit du sorbet, but un verre de vin, et daigna sourire amicalement à ses hôtes.

Quant aux Russes, ils n'avoient presque rien osé manger, dans la crainte de renverser les plats en y touchant, et d'apprêter à rire par leur gaucherie. Les valets enlevèrent le tout sans être surpris de notre abstinence, et ils nous prirent sans doute pour des personnages de la première distinction ; car, dans ce pays, la gourmandise est de très-mauvais ton, et les plus grands seigneurs sont ceux qui mangent le moins.

L'enlèvement des mets fut pour nous un spectacle curieux. Les plats de ragoûts adhéroient fortement à ceux qui contenoient la crême aigrie ; le beurre s'étoit fondu, et, en débordant, il s'étoit répandu peu à peu sur la galette ; les plats de poisson étoient collés à ceux qui contenoient des volailles rôties. Les valets parvinrent à les séparer, et ils se jetèrent avec avidité sur la desserte. C'est la coutume en Perse d'abandonner aux domestiques tous les débris du repas, et l'on en distribue aussi aux pauvres gens qui rôdent autour du logis. Dans les grandes maisons on fait trois fois par jour la cuisine, afin d'en pouvoir distribuer les restes aux amateurs affamés.

Lorsqu'on nous eut délivrés de ces pyramides de viandes bouillies et rôties, nous respirâmes enfin librement. Les valets nous présentèrent de l'eau pour nous laver les mains, mais point de serviette : les Persans ont coutume, après s'être lavé les mains, de les laisser sécher à l'air ; nous fûmes donc obligés d'employer nos mouchoirs de poche pour nous essuyer.

A peine cette opération étoit terminée, qu'à notre surprise extrême on apporta divers plats énormes; mais ils ne contenoient que des confitures et des fruits, et nous n'en fûmes pas fâchés. Ce qui ne nous satisfit pas moins, c'est qu'il n'y avoit qu'un seul plat pour chaque table, et que cet appareil ne nous déroba point la vue de la fête qui se préparoit. On fit entrer les danseurs, qui, jusque-là, étoient restés à la porte. La musique instrumentale consistoit en une guitare, une sorte de violon à trois cordes et deux tambours ; ils servoient à accompagner un seul chanteur, qui, en criant à pleine gorge, faisoit des gestes et des contorsions épouvantables. Par bonheur, d'après la mode du pays, il se couvroit fréquemment la figure avec une feuille de papier, comme s'il eût craint de nous effrayer par la laideur de ses grimaces. Les musiciens observoient parfaitement la mesure ; mais leurs intonations aigres ressembloient beaucoup au miaulement des chats. Trois jolis garçons, vêtus de longues tuniques, et chamarrés de rubans de soie de diverses couleurs, se mirent à danser au son de cette musique et de la voix du chanteur ; ils finirent par faire des tours de souplesse. Pendant qu'ils dansoient, ils marquoient la cadence avec de petites castagnettes. Je crois que deux de ces danseurs représentoient des femmes ; ils avoient des mouvemens plus lents et plus modestes, tandis que celui qui se tenoit au milieu faisoit des bonds furieux de l'un à l'autre. Ce qu'il y eut d'étrange, ce fut lorsque, la musique haussant tout à coup de ton, et les chanteurs jetant des cris effroyables, les trois danseurs exécutèrent des culbutes, en parcourant toute l'étendue de la salle. Les deux danseurs, de chaque côté, se relevoient, en prenant une posture gracieuse ; mais celui du milieu demeura la tête en bas et les pieds en haut ; sa longue robe tomba sur ses épaules , en laissant à nu ses jambes et la partie intermédiaire du corps. Il y eut un autre tour qu'ils exécutèrent avec beaucoup d'adresse , ce fut de se retourner plusieurs fois en l'air, sans mettre à terre ni la tête ni les mains.

Nous sortîmes enfin, rassasiés de musique, mais peu chargés de bonne chère ; l'ambassadeur se sépara de son hôte avec infiniment de politesse , et nous retournâmes , avec les mêmes formalités , à notre logis , trop heureux d'y trouver un dîner à la façon d'Europe !....

CHAPITRE XI.

La petitesse du local , occupé par l'ambassadeur , ne nous permettoit pas d'y traiter le sardar ; il fallut emprunter au gouverneur son propre jardin , et il s'empressa de nous l'offrir. Nous envoyâmes devant les musiciens avec les cuisiniers.

Vers dix heures du matin, l'ambassadeur se rendit au jardin où le gouverneur l'attendoit déjà dans un pavillon. Nous passâmes le long de la forteresse , sur les bords de la rivière Sanga, dont le pont de pierre et les arches présentent le coup d'œil le plus pittoresque. Entrés dans le jardin, nous suivîmes une grande avenue , qui nous mena au pavillon d'où l'on aperçoit une partie du fort et la maison du sardar. L'avenue traverse un tertre, sur lequel les Russes, en faisant autrefois le siége d'Erivan , ont établi leurs batteries, et ils ont eu la politesse de respecter l'habitation du gouverneur. Le pavillon est construit dans le goût asiatique, avec élégance et régularité ; tout autour sont des fontaines jaillissantes ; et l'on remarque, au milieu, un bassin de marbre dont le jet fait continuellement tinter de petites clochettes : il paroît que ce bruit est fort agréable au sardar. Le bâtiment est élevé de plusieurs étages ; mais le milieu en est ouvert de telle sorte, que toutes les chambres communiquent avec la salle principale. Dans l'intérieur sont des cloisons peintes avec beaucoup de goût et entourées de galeries. C'est une retraite charmante en été ; depuis plusieurs années, des mains européennes ont rendu les jardins méconnoissables.

Pendant que notre musique exécutoit une symphonie, les Persans burent du chocolat et des liqueurs ; nos glaces leur parurent exquises : car leurs glaciers ne sont pas fort habiles. Les danseurs de la veille étoient de la fête ; ils demandèrent la permission d'exécuter leurs jeux aux sons de la musique russe qui leur plaisoit beaucoup.

On servit à dîner d'excellent vin. Les Persans en firent une prodigieuse consommation, et ne purent se rassasier de liqueurs. Un seul d'entre eux, par exemple, but tout un flacon de rum sans en ressentir la moindre incommodité. Il y avoit, dans un enfoncement du pavillon, deux buveurs intrépides, le médecin de l'ambassadeur et un commandant militaire, dans la maison duquel l'ambassadeur étoit logé : rien n'étoit plaisant comme d'entendre le médecin raisonner sur la prohibition du vin par le fondateur de l'islamisme. « Mahomet, disoit-il, » n'avoit su ce qu'il faisoit en défendant à » ses sectateurs un breuvage qui est un véritable » remède universel, et le plus propre à rétablir » les esprits vitaux. » Il citoit pour preuve l'exemple du gouverneur, son maître. Le commandant se plaisoit à tous ces discours ; il ajoutoit que les habitans d'Erivan commençoient à goûter fort cette panacée, et qu'il en étoit résulté qu'un médecin français, nommé Lafosse, nouvellement établi dans la contrée, avoit perdu toutes ses pratiques. Je puis assurer qu'un docteur, qui, comme Sangrado, ne prescriroit que l'eau chaude à ses malades, seroit assez mal reçu à Erivan.

Le gouverneur s'extasioit sur la bonté du repas, et surtout de nos vins ; il pria l'ambassadeur de lui laisser quelques flacons de liqueur et de rum. Ce musulman, qui se pique si peu de tempérance, a dans son harem une soixantaine de femmes.

Nous nous séparâmes fort satisfaits les uns des autres, et l'on fixa notre départ pour le lendemain matin. Voici ce qui me reste à dire sur la ville.

Le nom d'Erivan, en langue arménienne, signifie *vu* ou *aperçu*. C'est, en effet, le premier

endroit que dut voir Noé, en descendant du
mont Ararat, qui est à dix werstes (deux ou
trois lieues) de distance. Il y a d'assez beaux
quartiers ; mais, en général, les maisons sont
cachées derrière les murs des jardins, et absolument invisibles. Deux rivières passent à quelque
distance ; savoir, la Sanga, qui baigne les murs
de la citadelle, et le Kouerboulak, dont le nom
veut dire *les cent bras.* La première a sa source
dans le lac d'Erivan (1), parcourt une grande
partie de l'Arménie, et se réunit, non loin de
la mer Caspienne, avec le fleuve Araxe.

L'histoire persane est muette sur la fondation
de cette ville ; mais les habitans soutiennent
qu'elle est la plus ancienne du monde. Ils en
attribuent la création à Noé, qui s'y seroit établi immédiatement après le déluge universel.
La citadelle d'Erivan est à une portée de canon
de la ville.

Les Turcs se sont emparés d'Erivan vers 1582,
et ont construit la forteresse actuelle sous le règne

---

(1) Le lac d'Erivan est à trois journées de marche de la
ville. Les Persans le nomment *Deria-Schevin*, c'est-à-dire
la mer Douce, parce que les eaux n'en sont pas salées. Il a
cent cinquante werstes de circuit ; on y pêche une multitude
de truites et de carpes, qui passent pour être d'un goût
exquis. Chardin assure qu'à l'époque de son voyage en
Perse on ne trouvoit ce lac sur aucune carte.

d'Amurat III. Les Persans l'ont repris en 1604, sous le commandement de Schah-Abas, et en ont augmenté les fortifications. En 1615, cette ville soutint un siége de quatre mois ; ses remparts de terre résistèrent aux batteries des Turcs, qui furent obligés de lever le siége.

Après la mort d'Abas-le-Grand, les Turcs reprirent de nouveau Erivan, mais ne le conservèrent pas long-temps, Schah-Séfy l'ayant recouvré sous le règne d'Amurat IV. A cette époque, les Persans en passèrent la garnison au fil de l'épée. En 1731, Erivan retomba au pouvoir des Turcs, pendant les troubles qu'excita le détrônement de la dynastie des Séfys ; mais le célèbre Nadir-Schah y rentra en 1734. Le czar de Géorgie, Héraclius, profita des dissensions civiles qui désoloient la Perse, et s'empara d'Erivan par un coup de main ; mais il perdit, quelque temps après, cette ville avec tous ses Etats. Les troupes russes, commandées par le comte Godowitsch, essayèrent de prendre Erivan d'assaut, mais elles furent repoussées.

Au pied du mont Ararat passe l'Araxe, derrière lequel cette montagne se divise en deux sommets. Le plus petit est nommé par les habitans Ararat-Sadach, c'est-à-dire, le fils du mont Ararat. Ici commence l'Arménie, proprement dite, près des mines de sel et du pays occupé par les Courdes. A partir de la moitié de sa hauteur, le mont Ararat est couvert de neige, et la cime se perd dans les nues. On raconte de cette montagne toutes sortes de fables ; mais il est certain que personne n'a pu en escalader le sommet, par une raison toute simple : vers le milieu se trouvent des glaciers absolument à pic. On raconte qu'un pacha turc, très-riche, eut la curiosité d'entreprendre ce périlleux voyage ; mais, à la moitié du chemin, il éprouva un froid si vif et un vent si impétueux, qu'il fut forcé de renoncer à sa tentative.

Il y a trois ans une avalanche de neige s'en est détachée. Les villageois des environs assurent qu'elle entraîna une planche de l'arche de Noé, et qu'on la trouva sous la neige. Il ne seroit pas trop mal à propos qu'il descendît du bois de cette montagne, car il est rare dans la plaine.

Tout le monde sait que le mont Ararat recèle une multitude de bêtes féroces et de serpens monstrueux. Au pied se trouve le monastère d'Arokilvank, dont le nom signifie en arménien : *Le Couvent des Apôtres.* Les Arméniens tiennent ce lieu pour sacré ; ils assurent que c'est là que Noé bâtit sa première maison, et offrit au Créateur le premier sacrifice.

CHAPITRE XII.

LE 7 mai, nous nous aperçûmes que, depuis l'entrée de l'ambassade sur le territoire persan, le schah avoit donné l'ordre que les frais de transport et nos dépenses journalières fussent à la charge de son gouvernement. On nous fournit donc gratis des chevaux, ainsi que des chameaux et des mulets, pour transporter nos bagages : ces derniers étoient tous garnis de grelots, et faisoient un bruit effroyable. On ne sauroit croire l'énormité du fardeau que peut transporter un mulet, et la vitesse de sa marche. Quant aux chameaux, ils ont une allure que j'oserois presque qualifier de philosophique : rien au monde n'est capable de leur faire doubler le pas. Quand il s'agit de les charger ou décharger, ils s'age-nouillent au premier ordre de leur maître, à la vérité en jetant un cri assez désagréable ; mais jamais ils ne se montrent indociles. Ils con-noissent parfaitement les fardeaux qu'ils sont en état de porter ; et c'est une chose merveil-leuse de les voir se relever d'eux-mêmes, quand il en est temps, sans qu'il soit besoin de le leur commander. Il n'y a pas non plus d'animaux plus faciles à nourrir ; ils paissent dans les Steppes, où il ne croît presque pas d'herbe, et y découvrent des alimens. En revanche, c'est un vrai supplice que de voyager sur le dos des chameaux, à cause de la mobilité continuelle de leur bosse, tantôt en avant, tantôt en arrière.

Tous les transports se font en ce pays à dos de chevaux, d'ânes, de mulets et de chameaux ; nombre d'habitans n'ont jamais vu dans leur vie de chariots à roues, et l'on peut juger par là du déplorable état des chemins. On ne les reconnoît guère qu'en suivant les traces où l'herbe est foulée ; mais, dans les contrées pierreuses, on perd toute espèce de vestige, et l'on ne sauroit s'y aventurer sans guides.

Les Persans voyagent presque toujours à cheval ; mais il existe pour les femmes une sorte de voiture très-peu commode ; c'est une litière formée de barreaux de bois qui ressemble à une cage ; il y a dans les brancards, en avant et en arrière, deux mulets, au moyen desquels on est voituré assez rapidement. Cette espèce de cage est ordinairement couverte d'une draperie rouge avec des rideaux aux portières. L'intérieur en est si bas, qu'on ne sauroit y tenir autrement qu'accroupi à la mode orientale : cette litière s'appelle en Perse *trachtozaouan*. On en mit un certain nombre à notre disposition, pour les malades qui n'avoient pas la force de se soutenir. Nous fûmes d'abord un peu effrayés des chevaux entiers qui ont un aspect sauvage ; mais ils sont doux comme des agneaux ; ils ont de plus un pas très-vif qui ne fatigue nullement les voyageurs. Un cheval qui n'est point dressé à ce pas se vend en Perse à moitié du prix ordinaire.

Le village de Dougin fut le premier que nous trouvâmes en parcourant la délicieuse vallée d'Erivan, dans laquelle l'Araxe fait plusieurs détours. On aperçoit çà et là un grand nombre de hameaux ; presque tous les villages persans ressemblent à des espèces de forteresses, car ils sont entourés d'une haute muraille flanquée de tours et de créneaux. Cela vient en partie des guerres extérieures ou civiles qui ont fréquemment désolé ce pays, et en partie de la défiance du gouvernement qui aime à se tenir sur ses gardes. Après avoir traversé le ruisseau de Garnitschai sans apercevoir les colonnes de marbre noir, que Chardin dit y avoir vues (à la vérité il y a plus de cent ans), nous campâmes au milieu de plusieurs villages. Nous fûmes ce même jour à la plus grande proximité du mont Ararat. Nous soupâmes en plein air, et vîmes le soleil se coucher derrière les neiges qui couvrent le double sommet de la montagne.

Le 8, nous laissâmes sur la gauche une chaîne
de hauteurs qui forment plus loin la frontière de la province russe ; à droite se trouvoit
toujours l'Araxe ; nous vîmes sur ses bords les
ruines d'un ancien couvent où saint Grégoire ,
fondateur du monastère d'Ietschmiasin, est resté
une année entière dans une grotte , afin d'expier
ses péchés et de gagner la vie éternelle. Les Arméniens s'y rendent en foule des contrées les
plus lointaines ; ils sont persuadés qu'en touchant
cette grotte ils guérissent de leurs maladies. Le
sol est traversé d'une foule innombrable de
canaux pour l'arrosement des champs de riz et
de coton ; mais il s'en exhale des vapeurs qui
occasionnent de violens maux de tête.

A l'entrée du village de Dawalou , auprès duquel nous passâmes la nuit, nous vîmes accourir
une foule de curieux , et parmi eux des femmes
si laides, si sales et si dégoûtantes , qu'elles faisoient la honte de leur sexe. Nous reçûmes dans
notre camp la visite d'un jeune homme que
nous prîmes d'abord pour un maniaque : c'étoit
un derviche vêtu de la manière la plus bizarre.
Une peau de mouton lui couvroit la ceinture ; il
avoit les pieds et les mains nus , et portoit sur
sa tête une couronne de fleurs : dans la main
droite il tenoit une pique, et dans la gauche un
chaudron. Il jetoit des vociférations épouvan-

tables. On nous dit que c'étoient des prières pour notre bonheur ; toutefois il ne demandoit pas l'aumône, ce que je trouvai fort édifiant en ce pays. Nous jetâmes dans son chaudron quelques pièces de monnoie, et il les prit sans daigner nous remercier. Ce derviche appartient à un ordre de religieux qui font vœu de passer toute leur vie en plein air, et de n'entrer jamais dans aucun édifice.

Le 9, la campagne cessa de présenter un aspect aussi agréable. Nous passâmes entre deux montagnes dont l'ouverture ne ressembloit pas mal aux jambages d'une porte cochère, et nous interceptoit la vue d'une riante vallée. Le sol étoit argileux ; et, comme il avoit plu, les chevaux glissoient à chaque instant. Malgré la violence de la chaleur, nous continuâmes notre chemin, et nous campâmes dans le village de Nouraschin, sous l'ombrage d'abricotiers touffus.

On se figure en Europe la Perse comme un Paradis terrestre, et les Persans eux-mêmes regardent leur pays comme un autre Eden. Cependant, nous étions au milieu du printemps, et nous ne voyions ni fleurs ni prairies ; la nature étoit loin d'offrir cette apparence céleste qu'elle a dans les contrées septentrionales. Les montagnes sont nues ; les champs jaunissent promptement, et rien n'est plus rare que de rencontrer des arbres.

Le 10, nous avions traversé jusqu'à dix fois les différens bras de la rivière Arpatschai, qui forme la frontière entre la province d'Erivan et celle de Nakatschivan. Lorsque les eaux sont fortes, le passage de cette rivière doit être des plus dangereux. La route serpente sur des hauteurs d'où l'on contemple le cours de l'Araxe et de charmans paysages; là se trouvent la ville de Hoye et la maison d'été favorite du prince héréditaire Abas-Mirza. Devant nous s'offroit une hauteur d'une singulière structure ; on l'appelle la Montagne des Serpens, parce que les reptiles y sont très-communs; à quelque distance de cette montagne, la route passe près des frontières russes, dans la province de Karabasch. Nous trouvâmes sur cette route une belle source d'eau limpide, telle que nous n'en vîmes pas depuis. Ce qui manque dans ce pays, ce sont principalement les eaux vives ; on n'y trouve guère que de l'eau bourbeuse, et dont le goût rappelle trop son infiltration dans un sol d'argile. Nous eûmes, en passant la nuit à Hohik, la douleur de perdre un de nos valets qui mourut d'apoplexie : on l'enterra dans une fosse profonde, et on le recouvrit de grosses pierres ; mais ce fut en vain : à notre retour, ce modeste tombeau avoit disparu ; et

le cadavre étoit exhumé. Les musulmans ne
laissent point se décomposer en paix les restes
d'un chrétien. Cet accident fit sur nous tous l'impression la plus vive : lorsqu'on est loin de sa
patrie, la mort d'un compagnon de voyage nous
fait faire un triste retour sur nous-mêmes.

CHAPITRE XIII.

Depuis les hauteurs dont je viens de parler, jusqu'à la ville de Nakatschivan, il ne se trouve aucun lieu qui mérite une description particulière : point de maison, pas un seul brin d'herbe ; on ne voit que des collines argileuses qui se croisent dans toutes les directions ; la plupart brûlées par le soleil présentent un aspect aussi monotone que mélancolique. La ville, enfoncée à l'extrémité de ce triste paysage, réjouit du moins la vue ; car on y aperçoit des arbres !

Le khan de Nakatschivan, vieillard aveugle, vint nous recevoir à la tête de quelques milliers de cavaliers ; les rues que nous devions traverser, et les maisons elles-mêmes, étoient remplies d'hommes sous les armes, ce qui est en Perse une grande marque d'honneur. Ce respectable officier, nommé Kamborei, l'homme peut-être le plus vertueux de la province, étoit autrefois un des principaux propriétaires de Nakatschivan. Ayant eu le malheur de déplaire au gouvernement, on lui creva les yeux, supplice très-commun chez les Persans : dépouillé de toute sa fortune, il resta vingt ans avec sa famille dans la plus profonde misère.

Il y avoit environ deux mois que sur les ré-
clamations générales des habitans fort mal
traités en son absence, on lui avoit rendu,
comme par pitié, le commandement de la ville;
du moins il a la consolation d'administrer des
biens qui furent jadis sa propriété. L'ambassadeur lui fit des reproches sur ce qu'il avoit pris
la peine de se déplacer, et le traita avec tous
les égards que méritoient son grand âge et ses
infortunes.

Cette ville a été prise par le général russe,
Nebolsin ; c'est la dernière limite des victoires
de la Russie ; nos armées n'ont pu étendre plus
loin leurs conquêtes en Perse.

La commodité de l'habitation qu'on nous
assigna, et la fatigue que nous avions éprouvée
depuis Erivan, déterminèrent l'ambassadeur à
y passer une journée. La maison où nous logions, semblable à toutes celles des grands seigneurs, se composoit d'une multitude infinie de
petites cours et d'appartemens réunis par des
corridors obscurs. Chaque chambre n'a qu'une
seule issue ; dans le harem, les chambres des
femmes ne font en quelque sorte qu'un même
appartement. Il n'y a qu'une seule porte sur la
rue, et c'est dans la première cour que demeure
le maître du logis ; les murs sont élevés, et ont
tant d'épaisseur que les hommes, ainsi que les

animaux domestiques, peuvent y faire la ronde pendant la nuit, pour veiller à la garde des trésors que le harem renferme.

La grande histoire d'Arménie que l'on conserve dans le monastère d'Ietschmiasin, présente Nakatschivan comme l'ancienne et fameuse cité d'Artaxate ; on assure qu'il s'y trouvoit autrefois trente mille édifices ; on en compteroit aujourd'hui à peine un millier. Comme il est probable que le patriarche Noé a dû visiter ce pays, les Arméniens assurent qu'il est fondateur de la ville.

Quoi qu'il en soit, Nakatschivan est divisée en deux parties par un ruisseau qui y forme une petite cascade. La portion occidentale fut jadis une forteresse que les Russes ont détruite dans leur invasion de la province. Une haute tour couverte d'inscriptions hiéroglyphiques, et les débris d'une grande porte à moitié détruite, où l'on voit encore deux colonnes d'une forme singulière ; voilà tout ce qu'on y trouve de remarquable. Ce sont sans doute les monumens des conquêtes du fameux Tamerlan.

L'ambassadeur, avant de partir, ne manqua pas d'aller présenter ses respects au malheureux Kamborei-Khan.

Le 13, accompagnés d'une foule de Persans de distinction, nous quittâmes la ville. Le pays

d'alentour ne présente rien que de tristes montagnes argileuses et d'une teinte jaunâtre. C'est
à une grande distance que s'aperçoit le sommet
de la Montagne des Serpens. Nous passâmes, à
plusieurs werstes de la ville, la rivière de Nakatschivan , dont le lit a dû être autrefois plus
considérable : on y admire en effet les ruines
d'un très-beau pont qui a dû avoir douze arches ;
il n'y en a plus que six de visibles ; une chose fort
singulière , c'est que les piles ne sont point pa-
rallèles au cours de la rivière , mais forment un
angle avec sa direction.

Dans l'après-midi nous atteignîmes les bords
de l'Araxe (1), dont nous ne nous étions pas
éloignés de plus d'un mille , à partir d'Erivan ;
mais il forme ici un coude que nous dûmes franchir. Lorsque le fleuve est rapide, il n'est pas
peu dangereux de le passer sur des radeaux que
soutiennent des outres de cuir de porc , gonflés
d'air. Nous n'éprouvâmes, Dieu merci, d'autre
accident que la perte de quatre avirons neufs
qu'on laissa tomber dans l'eau par imprudence.

Ce fleuve a vraisemblablement tiré sa déno-

----

(1) Strabon dit que l'Araxe se jetoit directement dans la
mer Caspienne : aujourd'hui il confond ses eaux avec le
Koura. A quelque distance du rivage on voit encore très-
distinctement les rivages de l'ancien lit de ce fleuve.

mination du mont Ararat, où il prend sa source. On y remarquoit jadis plusieurs ponts dont il n'existe plus un seul. Il présente deux particularités merveilleuses : qui croiroit en Europe que ce fleuve, situé par trente-neuf degrés de latitude, est quelquefois assez solidement pris par les glaces, pour que des troupes et de l'artillerie même puissent y passer sans péril ? La seconde singularité est que la peste qui exerce si fréquemment d'affreux ravages dans les provinces turques voisines, ne dépasse jamais la frontière de l'Araxe. Il faut ajouter, pour rendre la chose encore plus extraordinaire, que le gouvernement persan ne prend jamais la moindre précaution contre ce fléau ; cependant la contagion ne s'y déclare jamais, malgré la continuité du commerce avec les Turcs.

A quelques werstes de là sont les ruines d'une autre ville très-célèbre, Iulfa, qui fut jadis le centre du commerce de l'Arménie ; Schah-Abas, qui voulut faire prospérer tout à coup Ispahan, en fit transporter toute la population dans cette capitale, et lui assigna un quartier qui conserve encore le nom de Iulfa. Il n'existe plus à Iulfa, proprement dit, qu'une vingtaine de pauvres familles d'Arméniens.

Le 14, nous fîmes une marche forcée de six agatsches, mesure de distance de ce pays, c'est-à-dire de trente-six werstes. Nous fûmes amplement dédommagés de cette fatigue, en perdant de vue les roches d'argile pelées. A quelques milles de l'Araxe, non loin des villages d'Alamdar et de Gerger, commence une triste vallée bordée de masses effrayantes de granit. Le chemin fait plusieurs détours sinueux, et l'on découvre à chaque pas des perspectives aussi neuves qu'agréables. Nous vîmes enfin des traces du printemps ; l'herbe croissoit à peine, et le froid étoit encore sensible. Nous logeâmes dans un antique caravansérail près d'une haute montagne escarpée et presque inaccessible ; il s'y trouve un village dont les habitans pillent les voyageurs qui ne veulent pas leur payer tribut ; le gouvernement a fait souvent, mais en vain, des efforts pour réprimer leur insolence. La porte du caravansérail est ornée de bas-reliefs en pierre bleue.

Le 15, nous perdîmes entièrement l'Ararat de vue. La veille nous avions gravi des montagnes ; ce jour-là nous descendîmes en suivant une pente peu sensible. L'horizon est très-borné jusqu'à ce qu'on arrive à un moulin sur la rivière Goulus, d'où l'on découvre tout à coup une vaste plaine ; on y compte plus de quarante villages, et à l'extrémité se présente la ville de Maranda, qui, aussi bien que les hameaux, est entourée de beaux arbres. Le commandant de Maranda, nommé

Nasar-Ali-Khan, vint, suivant l'usage, au-devant de l'ambassadeur avec un détachement de cavalerie, et lui offrit sa propre maison pour demeure.

Maranda se distingue de toutes les autres villes et villages que nous avions vus jusqu'alors ; les murs extérieurs des édifices sont propres et uniformes ; il y a dans quelques rues des plantations d'arbres qui rompent la monotonie si ordinaire et si triste dans les villes persanes. Une petite rivière, ou plutôt un ruisseau nommé Selou-Lou, traverse la ville ; les Persans ont tant d'habileté à distribuer le cours des eaux, que chaque habitant se procure un petit filet d'eau pour arroser son jardin. Il a droit d'y renoncer quand il n'en veut plus faire la dépense.

La grande chaleur qui dessèche tout dans ce pays, la rareté des pluies, le petit nombre et l'exiguité des rivières ont, dès l'antiquité la plus reculée, familiarisé ce peuple avec les principes de l'hydraulique. Tout paysan qui parvient à découvrir une source, en conduit l'eau dans son champ, par des moyens d'une simplicité extrême, et nul ne le trouble dans ce droit, tant qu'il ne détourne pas une quantité d'eau plus considérable que celle dont il a besoin.

On cultive dans cette contrée, mais en petite

quantité, l'espèce de cochenille appelée kermès. Huit jours de l'été seulement sont favorables à cette récolte. Plus tôt la cochenille n'est pas mûre, plus tard le ver dont on la tire perce la feuille sur laquelle il croît, et la cochenille est perdue.

Les Arméniens ont répété sur Maranda leurs fables accoutumées ; ils prétendent que les descendans de Noé s'y établirent, et que même la femme de ce patriarche y a été enterrée. Les musulmans ont bâti une mosquée à l'endroit même où ils prétendent qu'a existé ce tombeau ; les murs du temple sont nus, et ne présentent pas, à beaucoup près, cette propreté qu'exigent les préceptes du mahométisme. A l'époque où l'on a construit la mosquée, personne ne savoit où reposoient les restes de la femme de Noé. Si l'on en croit les Arméniens, Dieu le fit connoître, il y a une quarantaine d'années, par un miracle : on ressentit un tremblement de terre, et l'on vit apparoître une grosse pierre sépulcrale sur laquelle l'abîme se referma aussitôt ; deux mollahs, dont un existe encore, et une multitude d'habitans, furent, dit-on, témoins de ce phénomène. On en a conclu, tout naturellement, que ce tombeau, offert quelques instans à la vue des hommes, étoit celui de la femme qui a laissé une si nombreuse postérité.

En langue arménienne, Maranda signifie *tombeau de la mère*. La curiosité de voir cette mosquée nous a fait reposer un jour dans la ville.

CHAPITRE XIV.

Le 17, après avoir passé une petite forteresse, située aux environs de Maranda, nous gravîmes une haute montagne sur la cime de laquelle nous nous arrêtâmes pour contempler la charmante vallée que nous venions de parcourir. Cette hauteur s'appelle Meschau; la rivière de Sagra coule à ses pieds, et forme les limites d'un vallon enchanteur. Là croissent des plantes médicinales dans une abondance extraordinaire. En suivant la vallée, nous arrivâmes par les villages de Kirsa-Disa et de Mirsasa, à un ancien caravansérail.

La vallée se rétrécit de plus en plus; on voit, à quelque distance du village de Safian, une montagne d'où sort une source salée; ses bords sont blanchis par le sel le plus pur, en forme de poussière; ensuite la vallée s'élargit peu à peu, et laissa enfin apercevoir une ligne noire à l'extrémité de l'horizon : ce sont les sommets des édifices de la ville de Tauris. Le vieux patriarche n'est apparemment point allé jusque là. Ce n'est pas à Noé qu'on attribue la fondation de Safian, mais aux Séfys, qui s'y établirent lorsque Ismaël Ier eut transféré sa cour d'Ardevil à Tauris. Ce village, au surplus, est tellement insignifiant, que ce n'est guère la peine de s'informer du nom de son fondateur.

Nous vîmes arriver le soir deux envoyés de Tauris, qui complimentèrent l'ambassadeur au nom du prince Abas-Mirza et de son premier ministre. Ils nous apportèrent en présent de gros poissons et des oranges. Tout ce que je puis dire de ce régal, c'est que la marée n'étoit pas fraîche, et que les fruits étoient fort aigres.

Le 18, il nous restoit encore beaucoup de chemin à faire pour arriver à Tauris ; les Persans se proposoient d'ailleurs de nous recevoir en grande cérémonie. Nous résolûmes donc de camper à vingt werstes de la ville, au village de Ségilan. Nous aperçûmes le soir, dans le lointain, les nombreux feux de bivouac de l'armée persane.

Le lendemain 19 étoit le jour fixé pour notre entrée à Tauris. On passe, à quelque distance de la ville, la rivière Adgasou, sur un ancien pont de dix arches. Depuis le lieu où nous avions campé jusqu'à ce pont, les troupes persanes se développoient sur un espace de plus de dix werstes (deux lieues et demie) ; leur aile gauche s'appuyoit au pont lui-même. Nous y avions envoyé d'avance les musiciens, les grenadiers et les Cosaques de l'ambassade. Lorsque nous passâmes devant l'aile droite, les commandans des troupes nous saluèrent; on fit une salve d'artillerie, et toute la ligne présenta les armes.

A droite, se trouvoient quarante-huit pièces d'artillerie légère; venoient ensuite huit escadrons de cavalerie régulière, et huit mille hommes d'infanterie de ligne : tout le reste étoit composé de Courdes et de milices provinciales.

Au sortir du pont, nous trouvâmes le gouverneur militaire de Tauris, Tat-Ali-Khan; il offrit à l'ambassadeur, au nom du prince héréditaire, un superbe cheval entier, dont les harnois étoient d'or enrichis de pierreries. Le général refusa ce présent avec politesse, et déclara qu'il lui étoit impossible de rien accepter avant d'avoir reçu l'audience publique du schah, et d'avoir remis les présens qu'il apportoit lui-même au nom de son souverain. Nous défilâmes ensuite en bon ordre au son de notre musique.

La chaleur étoit insupportable; nous nous trouvions encore plus incommodés de la poussière, qui ne nous permettoit de rien voir autour de nous, et qui, en moins d'un quart d'heure, couvrit entièrement nos habits. Tel étoit le concours du peuple, que les baïonnettes des soldats et les coups de masses d'armes eurent bien de la peine à nous frayer un passage. Après une marche pénible d'une grande heure, nous arrivâmes enfin à notre logement, sans avoir pu distinguer ni la ville ni les faubourgs.

On avoit placé dans la première cour une garde d'honneur persane, et nous trouvâmes, dans l'appartement du chef de la maison, des rafraîchissemens de toute espèce.

Le propriétaire de la maison où nous étions reçus est Mirza-Béjourk, premier ministre de Tauris, sous le nom de Kaïmakan ; sa dignité correspond à celle de vice - chancelier du royaume : on l'a placé près du prince héréditaire pour l'aider de ses conseils. Son fils a épousé une fille du schah, qui passe pour une beauté accomplie. Du reste, Mirza-Béjourk est un homme très-fin, qui contrefait la dévotion, et souffre volontiers qu'on lui donne le titre de derviche. Son avarice et ses exactions mécontentent le peuple, qui le déteste aussi cordialement qu'il bénit le gouvernement du prince. La maison de ce grand personnage, comme tous les palais de ce pays, est un inextricable labyrinthe de petites cours et de chambres étroites.

Le lendemain de notre arrivée, Mirza-Béjourk vint faire à l'ambassadeur une visite, qui lui fut rendue dans l'après-dînée. Ces visites diplomatiques se passoient toutes en interminables complimens et en assurances réciproques d'affection et d'estime. Nous admirâmes la patience du général, et les Persans s'étonnèrent de son éloquence, car il surpassa bien vite ses hôtes dans l'art de parler beaucoup sans rien dire.

Le troisième jour de notre arrivée à Tauris étoit l'anniversaire de la naissance du grand-duc Constantin; c'étoit aussi le jour fixé pour l'audience d'Abas-Mirza. Après que nous eûmes célébré en commun l'office divin, les principaux officiers d'Abas-Mirza vinrent nous chercher. Les rues, depuis notre maison jusqu'au palais du prince héréditaire, étoient garnies d'une double haie de soldats. On avoit amené devant notre porte un grand nombre de chevaux de main, avec des harnois dorés. Plusieurs coureurs nous précédoient ; aucun habitant n'osa se montrer sur le passage du cortége. Nous mîmes pied à terre dans une grande et belle cour, et en traversâmes plusieurs autres moins spacieuses. On voyoit tout autour des appartemens où se tenoient les principaux de la ville : ils se levèrent à l'approche de l'ambassadeur, et lui firent une révérence profonde. Enfin, nous entrâmes dans une espèce de jardin, sur lequel donnoit le palais du prince héréditaire. Les bâtimens sont ouverts de ce côté. En face est un jet d'eau, et une longue draperie d'étoffe rouge sert d'abri contre l'ardeur du soleil. Abas - Mirza étoit seul entre la fontaine jaillissante et la fenêtre ; à sa droite, et plus près du mur, se tenoit le ministre Mirza-Béjourk ; à sa gauche étoient trois jeunes princes étincelans d'or et de pierres précieuses. L'un étoit son frère, l'autre son fils, et le troisième son neveu : il n'y avoit personne entre eux et nous.

Abas-Mirza, ennemi déclaré du luxe, étoit vêtu fort simplement d'une étoffe rouge, bordée d'argent ; il avoit, comme tous les Persans, un bonnet de peau d'agneau noir. Sa seule parure étoit un poignard enrichi de pierreries. Comme l'ambassadeur s'avançoit, Abas-Mirza fit quelques pas à sa rencontre, et lui tendit amicalement la main : l'ambassadeur lui présenta une lettre de son souverain. Le prince reçut la lettre, l'éleva respectueusement au-dessus de sa tête, selon la méthode asiatique, et la déposa près de lui, du côté de la fenêtre.

L'héritier du trône de Perse est âgé d'environ trente-cinq ans : doué d'un extérieur très-agréable, il a beaucoup de noblesse dans ses manières, parle avec finesse, et sourit à propos. Ses regards respirent la bonté, et ne sont pas trompeurs ; loin de donner les exemples de cruauté qu'autoriseroient les lois persanes, il arrête tout le mal qu'il peut empêcher.

Le premier cérémonial étant terminé, Abas-Mirza désira connoître les noms de tous les officiers de la légation. Il sut dire à chacun quelque chose d'agréable, ou du moins en rapport avec son grade. Par exemple, après avoir dit à l'ambassadeur que les marques honorables qu'il portoit attestoient à la fois sa bravoure et les services signalés qu'il avoit rendus à son maître, il lui demanda s'il n'avoit pas reçu ces blessures dans la longue guerre qui venoit de diviser les deux nations. L'ambassadeur répondit que ses blessures à la jambe n'étoient pas de nature à mettre ses jours en péril ; que, d'ailleurs, on le recevoit assez bien en Perse pour lui faire oublier le passé. Abas-Mirza répondit qu'il feroit tout ce qui dépendroit de lui pour lui faire trouver le séjour de Tauris agréable. Après quelques pourparlers, le général prit congé du prince. Comme nous nous retirions, l'ambassadeur remarqua que le prince demeuroit, par civilité, immobile à sa place ; en conséquence, nous nous retournâmes tous vers lui, et fîmes un dernier salut. Malgré sa longue barbe et ses terribles moustaches, Abas-Mirza avoit gagné tous nos cœurs. Son aide-de-camp, en nous reconduisant à notre demeure, parla de lui avec enthousiasme, et le vanta presque comme une divinité.

Il y avoit à Tauris des officiers anglais attachés au service de la compagnie des Indes ; ils vinrent présenter leurs hommages à l'ambassadeur, et on les retint à dîner. C'étoit le major Lindsay, le major Machintosh, le capitaine Hard, le capitaine Moutis, qui est venu en Perse avec Malcolm ; le docteur Cormik et le lieutenant Willok. Le capitaine Willok, qui remplit les fonctions de chargé d'affaires, et le docteur Campbell, étoient alors à Téhéran, près du schah.

Plusieurs de ces messieurs résident depuis long-temps en Perse ; tous furent charmés de faire un repas à la façon d'Europe ; ils furent surtout ravis de notre musique, car ils n'en avoient pas depuis long-temps entendu de semblable. Ils ont tous voyagé dans les Indes, et ne parlent qu'avec effroi de son climat destructeur.

Après dîner, le prince héréditaire mit à notre disposition un certain nombre de chevaux, et invita l'ambassadeur à faire une promenade. Comme nous passions devant son palais, il en sortit et se mit de la cavalcade : nous trouvâmes dans le faubourg une troupe de Courdes qui faisoient de la musique à leur manière. Les musiciens, au nombre d'une vingtaine, étoient vêtus d'étoffes chamarrées et coiffés d'un bonnet rouge en pain de sucre ; leurs instrumens sont de petites timballes attachées à la selle, et une sorte de clarinette dont ils font un bruit effroyable.

Derrière la ville étoient rangés en bataille un détachement de Courdes et dix-huit pièces d'artillerie légère, que le Schah-Sada (1) voulut passer en revue devant nous. Après que nous eûmes dépassé le front des Courdes et les pièces de canon, Abas-Mirza, ayant l'ambassadeur près de lui, et les autres Russes par derrière, donna ordre aux troupes de manœuvrer. On ne sauroit se figurer un spectacle plus pitoyable : l'aide-de-camp du prince, qui se tenoit dans l'éloignement, et apportoit à chaque fois aux commandans les ordres du Schah-Sada, étoit à pied et en pantoufles. A la vivacité de ses gestes et à la bizarrerie de son costume, on l'eût pris pour une méchante femme en querelle avec son mari.

Les Courdes se partagèrent en plusieurs divisions, et exécutèrent des attaques simulées ; c'est un prodige que la promptitude et l'habileté de leurs manœuvres : leur arme favorite est la lance, qu'ils tiennent en arrêt et poussent avec violence contre l'ennemi. Au reste, ils ménagent fort peu les chevaux ; ils les arrêtent en plein

____

(1) C'est-à-dire le prince héréditaire.

galop, au risque de leur rompre les reins ; puis ils font tout à coup volte-face, et se retournent avec la même rapidité.

C'est pour cela qu'en Perse les chevaux sont, en général, foibles sur leurs jambes. J'ai beaucoup entendu vanter les chevaux persans : mais les coureurs anglais, que j'ai vus en Russie chez la comtesse Orloff, le comte Sawadastshy, et plusieurs autres seigneurs, me paroissent de beaucoup préférables, quoique je sois peu connoisseur en cette partie.

Les chevaux persans ont un long cou ; ils penchent la tête en avant ; leur poitrine est étroite, et leurs jambes sont d'une hauteur disproportionnée avec leur taille ; aussi manquent-ils de feu. Un seul palefrenier conduit aisément plusieurs chevaux entiers ; tandis que chez nous, plusieurs hommes ont quelquefois beaucoup de peine à venir à bout d'un seul étalon, s'il n'est pas dompté. Les Persans eux-mêmes donnent la préférence à ceux de race arabe.

Après diverses manœuvres, Abas-Mirza fit remettre, par son aide-de-camp, une lance au chef des Courdes. Celui-ci reçut ce présent avec respect, porta trois fois la lance au-dessus de sa tête, et la baisa. Nous allâmes ensuite voir l'artillerie qui, jusque-là, ne s'étoit pas ébranlée. Abas-Mirza pria le général de demeurer à l'aile droite ; quant à lui, il piqua des deux, et se mit au milieu de la ligne pour commander en personne. Le major anglais, qui a formé l'artillerie persane, parcouroit avec activité toute la ligne, en se faisant suivre d'un cavalier persan d'ordonnance.

Les canonniers tirèrent avec une adresse vraiment extraordinaire, sur un but éloigné, formé d'une petite planche ronde ; à la vérité, aucun boulet ne toucha le but; mais tous les coups en approchèrent. Abas-Mirza étoit mécontent de ses pointeurs ; mais l'ambassadeur lui dit, sans flatterie, que si l'on eût tiré sur une batterie ennemie, elle eût été certainement démontée. Ce compliment fut d'autant plus agréable au prince, que l'ambassadeur est un général d'artillerie.

Je dois dire à ce sujet que c'est depuis très-peu d'années qu'Abas-Mirza a introduit dans les troupes régulières et dans l'artillerie la discipline et les manœuvres européennes; il a obtenu des succès rapides, à l'aide d'excellens officiers anglais. Ceux qui connoissent l'attachement des Persans aux anciennes coutumes, et leur aversion pour toute espèce de changemens, peuvent se faire une idée de la peine que le prince héréditaire a dû avoir pour remplir cette tâche. Il a fallu être aussi éclairé que lui, et en quelque sorte un phénomène, pour former à Tauris des soldats si bien disciplinés. Ses principaux efforts ont été dirigés sur l'infanterie et sur l'arme de l'artillerie ; c'est une preuve de son bon jugement ; car la cavalerie persane étoit déjà assez bonne, quoiqu'elle ne soit pas à comparer avec des troupes régulières. Cette cavalerie, et son genre de manœuvre, sont d'ailleurs l'orgueil de la nation, et le prince a pensé sagement qu'en cela il étoit dangereux d'innover. Il a été secondé merveilleusement dans ses entreprises par le schah lui-même, qui l'a désigné comme héritier de la couronne, non seulement pour ses bonnes qualités, mais surtout parce qu'il est né, comme son père, d'une femme de la famille royale de Cadjor. Le frère aîné d'Abas-Mirza, qui gouverne plusieurs provinces du sud, n'a pas été fort satisfait de cette prédilection accordée à celui que l'ordre de la nature sembloit appeler à devenir son sujet. C'est un homme farouche et cruel qui met tout son plaisir à faire exécuter en sa présence de prétendus criminels d'Etat, à leur faire crever les yeux, arracher le cœur, ou subir d'autres supplices non moins affreux. Il est parvenu à décrier Abas-Mirza dans l'esprit des principales familles de Perse, dont les enfans servent dans ses troupes : il leur représente la formation d'une armée régulière, non seulement comme une chose ridicule, mais comme une impiété et comme un crime d'Etat, à cause des rapports qu'une telle entreprise rend indispensables avec les étrangers, et de son peu d'harmonie avec quelques préceptes de la religion du pays

Ce méchant prince ne cesse de dire que l'engouement de son frère pour les Européens amènera tôt ou tard une révolution dans les mœurs, dans l'habillement et dans la religion elle-même. Ces déclamations séduisent beaucoup de Persans, sottement infatués des vieux préjugés, et qui aiment infiniment mieux mener une vie oisive que de s'assujétir aux exercices journaliers et à la discipline introduits par Abas-Mirza.

Le prince héréditaire n'en marche pas moins droit à son but; il a envoyé deux de ses fils étudier en Angleterre, et promet d'être un jour pour la Perse ce que Pierre-le-Grand s'est montré pour la Russie.

Les troupes d'infanterie et d'artillerie sont vêtues à la légère et d'une manière uniforme. (*Voyez l'estampe en regard de la page* 90.) Les premiers ont des habits bleus ou rouges de drap anglais; les canonniers sont vêtus de drap bleu avec des galons ou des brandebourgs de laine, pour les simples soldats, et d'argent ou d'or pour les officiers. Ceux-ci portent de plus des écharpes de soie rouge, comme les militaires anglais ; tous ont de larges pantalons de toile blanche, et un bonnet de peau de mouton, qui est le costume national, mais s'accorde assez mal avec le reste de l'habillement. Au lieu de pantoufles, ils ont des bottes.

L'innovation dans la chaussure est celle à laquelle on a eu le plus de peine à s'accoutumer ; mais on a fini par suivre l'exemple du prince héréditaire.

Les fusils sont de fabrique anglaise ; mais il y a une fabrique de canons à Tauris, et les Persans confectionnent eux-mêmes leur poudre. Les manœuvres sont extrêmement simples ; elles ont principalement pour objet la simultanéité des mouvemens et l'art de tirer juste. L'artillerie légère et la cavalerie sont armées de sabres anglais ; les fantassins ne portent au côté d'autres armes que la baïonnette.

CHAPITRE XV.

Lorsque le prince héréditaire eut suffisamment déployé à nos yeux le savoir-faire de ses artilleurs, il invita toute l'ambassade à le suivre dans son nouveau jardin, peu éloigné de la place d'armes. Nul Persan, autre qu'Abas-Mirza lui-même, n'entra avec nous dans le jardin. Affranchi désormais de la contrainte de l'étiquette, et débarrassé de la présence de courtisans importuns devant lesquels il n'auroit osé rire sans manquer à sa dignité, le prince se livra à son goût naturel, et se montra aussi spirituel qu'aimable. La principale allée que nous suivîmes nous mena à une maison de plaisance dans le goût asiatique, et élevée de plusieurs étages.

Le jardin est de construction moderne, et dans le style européen. Des allées régulières et des rotondes en font les principaux ornemens. Les arbres ne donnoient pas encore d'ombre; mais, avec le temps, ce séjour deviendra enchanteur. Abas-Mirza s'efforce d'améliorer aussi le goût de ses compatriotes dans cette partie, et il commence par prêcher d'exemple.

Devant la maison de plaisance est un bassin d'une longueur immense, et où l'on a fait venir de l'eau de très-loin.

Les jardiniers offrirent au prince deux bouquets ; Abas-Mirza remit le plus beau à l'ambassadeur. Un petit escalier nous conduisit dans un joli appartement d'où l'on jouit du spectacle de la ville entière. Le parquet est orné de tapis ; les murailles sont couvertes de petits tableaux. Nous ne fûmes pas peu surpris de voir dans deux niches séparées le portrait de l'empereur Alexandre et celui de Buonaparte ; celui-ci est le plus ressemblant.

La vue de Tauris n'a rien de fort séduisant ; on n'aperçoit de toutes parts que des arbres et de hautes murailles, entre lesquels les maisons se trouvent cachées. Les montagnes, du côté du nord, sont teintes d'un rouge clair qui en décèle la nature sulfureuse ; car on y entend un bruit souterrain qui se propage souvent au-dessous de la ville, et y cause de grands tremblemens de terre. Quoique nous n'ayons éprouvé aucune de ces commotions pendant notre séjour à Tauris, elles y sont très-fréquentes. Tous les quarante ans, suivant la remarque des habitans, on ressent des secousses d'une telle violence, que la plus grande partie de la ville en est renversée de fond en comble. On n'avoit plus que quatre ans pour arriver à cette période, et, en attendant, on se tenoit fort tranquille. Tel est l'empire de l'habitude et de l'amour pour les lieux où on a reçu le jour. Nous avons vu en cette ville un vieux Persan qui, lors du dernier tremblement de terre, est resté enseveli pendant cinq jours sous les décombres, et qui n'y a été découvert que par hasard.

Le climat de Tauris est au surplus délicieux, et l'on assure qu'il est salutaire pour la guérison des fièvres.

Comme il n'y avoit point de chaise dans cette maison d'été, Abas-Mirza eut lui-même la politesse de se tenir debout. Il demanda d'abord à l'ambassadeur s'il ne désireroit pas que les officiers de la légation se rendissent dans une autre chambre un peu plus spacieuse, où il seroit possible de leur offrir des rafraîchissemens. Le général répondit qu'il se trouvoit très-bien où il étoit, et que ses officiers ne devoient pas se montrer plus difficiles que lui : Abas-Mirza ne parut nullement choqué de ce que cette réponse pouvoit avoir de hardi, et continua de s'entretenir familièrement avec plusieurs personnes de la légation. Quelques uns de nos messieurs prétendirent remarquer une sorte d'incivilité et même de grossièreté dans la proposition qu'il avoit faite : mais, supposé que la petitesse du

local ne fût qu'un prétexte saisi par le prince
pour se débarrasser honnêtement de la suite
du général, pourroit-on en faire un crime à un
homme qui, dès ses plus tendres années, n'a jamais vu les principaux personnages de l'état s'approcher de lui dans une salle d'audience à une distance moindre de cent pas? Telle étoit cependant
la position d'Abas-Mirza, qui, se voyant serré
de si près pour la première fois de sa vie dans
une salle étroite, a bien pu s'en trouver incommodé. Ajoutons que telle est la délicatesse du
prince héréditaire, qu'il ne permet pas que les
officiers anglais foulent ses tapis autrement
qu'avec des chaussures légères de maroquin, à la
mode du pays; tandis que nos bottes à talons
ferrés y faisoient un vacarme affreux. C'étoit
une exception bien flatteuse pour la personne de
l'ambassadeur autant que pour sa suite. N'ou-
blions pas non plus que le seul aspect d'hommes
bottés suffit pour choquer les regards et révolter
l'orgueil de la nation entière. Un changement
de chaussure, aussi insignifiant par lui-même, a
déjà fait rompre des négociations au Japon et
en Chine.

Abas-Mirza continua de nous dire des choses
flatteuses, en nous faisant servir du thé et du
café. Le hasard nous fit découvrir dans son
caractère un trait de grandeur d'âme qui nous

surprit singulièrement de la part d'un Persan.

L'ambassadeur remarqua dans son jardin un vieux mur faisant saillie, et rétrécissant le terrain d'une manière qui détruisoit l'harmonie de l'ensemble. Il demanda à Abas-Mirza pourquoi il n'avoit pas fait abattre ces antiques constructions ? Figurez-vous, répondit l'héritier présomptif du trône, que, lorsque j'ai fait agrandir ces jardins, j'ai acheté des terres de plusieurs propriétaires différens ; mais celui à qui appartient l'enclos formé par cette vilaine muraille, est un vieux paysan attaché à l'héritage de ses pères, et il n'a pas voulu me vendre son champ, quelque prix que je lui en aie offert. Je suis on ne peut plus fâché de son entêtement ; mais je respecte en lui son attachement à la mémoire de ses aïeux : sa hardiesse même a quelque chose qui me plaît ; j'attendrai donc qu'il ait laissé des héritiers plus accommodans (1).

On parcourroit en vain toute l'Asie, soumise au plus odieux despotisme, pour trouver un second trait de ce genre.

Le prince parloit avec infiniment d'esprit et de savoir sur l'organisation de l'armée turque et

---

(1) Tout le monde connoît une anecdote semblable attribuée à Frédéric II, au sujet du fameux moulin de Sans-Souci.   (*Note du traducteur.*)

sur la cavalerie de cette puissance voisine, dont il ne fait pas un grand cas ; il blâme surtout la méthode qu'ont les Ottomans de s'embarrasser à la guerre d'énormes bagages.

Il ne se laissoit pas éblouir par l'orgueil national, et relevoit aussi de grands défauts dans l'armée persane : il signaloit, comme un des inconvéniens qui ne sont pas les moindres, celui d'y entretenir une foule immense de valets, dont l'unique emploi est de porter la pipe des officiers supérieurs. Non seulement ces gens-là font une consommation inutile de vivres et de solde, mais ils gênent l'armée dans ses mouvemens, et occasionnent dans les lieux de campement de fréquens incendies à cause du charbon allumé qu'ils tiennent sans cesse à la main (1).

La méthode de fumer, poursuivit Abas-Mirza, n'a rien de mauvais en elle-même ; mais, dans notre pays, on en porte la fureur à l'excès : nos Persans, occupés de leur pipe pendant toute la journée, négligent parfois les affaires les plus indispensables ; j'ai encore tâché à cet égard de donner l'exemple, et je me suis peu à peu désha-

(1) Chaque Persan, même de la classe moyenne, est accompagné d'un jeune domestique qui porte continuellement dans un petit réchaud des charbons ardens, afin de pouvoir allumer les pipes ; il porte, de plus, le tabac nécessaire pour les remplir.

bitué du tabac ; mais ce seroit une privation trop forte pour nos officiers, et les personnes livrées à l'oisiveté ne pourroient absolument s'en passer : j'ai donc lieu de croire qu'en cela je ne trouverai point d'imitateurs.

Un prince qui pense et agit de cette manière donne à coup sûr les plus belles espérances ; non seulement il mérite que sa nation l'écoute, mais il a presque droit à son adoration. Ce qu'il y a de plus singulier, c'est qu'Abas-Mirza n'a eu d'autre instituteur que le vice-chancelier Mirza-Béjourk, lequel reste encore auprès de lui par ordre du souverain, afin de l'aider de ses conseils. Ce ministre n'est qu'un grossier personnage et un vieil hypocrite. Mais Abas-Mirza a cherché d'autres leçons ; il s'est instruit à fond de l'histoire et des mœurs de l'Europe ; il a étudié la tactique, les mathématiques et la langue anglaise.

Après que nous eûmes passé une bonne heure de la manière la plus agréable avec le prince héréditaire, nous sortîmes tous ensemble des jardins et passâmes devant une ancienne et très-belle mosquée. Les bâtimens en ont été ravagés par un tremblement de terre. Les ruines servent maintenant de retraite à un vieux derviche, vêtu de la manière la plus grotesque, et qui passe tout son temps à crier à tue-tête : *Ali ! Ali !* Abas-

Mirza nous quitta à la porte de son palais, et nous retournâmes à notre logement.

Le lendemain soir, on nous invita à un feu d'artifice, dont Abas-Mirza voulut faire honneur à l'ambassadeur. Nous entrâmes dans une grande cour où se trouvoient les préparatifs de toute espèce. Au milieu étoit un aérostat qui sembloit prêt à partir; mais on ne put jamais le remplir en entier, et il ne s'éleva point de terre. Une grande salle, où Mirza-Béjourk nous reçut, étoit à l'extrémité de la cour; une prodigieuse multitude de peuple se tenoit sur les murs et les toits, attendant avec impatience le commencement de la fête. Ce qui charma le plus les Persans, ce fut notre musique, que l'ambassadeur fit jouer du consentement d'Abas-Mirza. Des accords tout nouveaux pour eux excitèrent vivement leur curiosité.

Le prince héréditaire n'étoit pas présent par de très-sages motifs d'étiquette. Il auroit fallu que le premier ministre, le gouverneur militaire et les autres principaux officiers se tinssent debout en dehors, devant les fenêtres; tandis que nous autres Russes nous aurions été admis dans l'intérieur du salon. Abas-Mirza se fit donc excuser de ne point assister à la fête, et chargea son premier ministre d'en faire les honneurs : on ne sauroit se plaindre de tant de délicatesse.

Avant qu'il fît tout-à-fait nuit close, on nous servit des rafraîchissemens, et nous ne fûmes pas médiocrement surpris de voir subitement paroître des uniformes français. Quelques uns de nos messieurs allèrent au-devant de ces étrangers, dont nous ne pouvions nous expliquer la présence à Tauris (1), et ils leur adressèrent la parole en langue française ; mais il se trouva que c'étoient des Italiens qui venoient chercher fortune en Perse, faute de pouvoir la trouver dans leur pays. Quoique décorés du grade d'officiers, ils avoient la plus mauvaise tenue, et la conversation la plus insignifiante. Un d'eux nous dit que l'unique cause de son voyage en Perse étoit qu'il faisoit trop chaud en Sicile. Nous ne fîmes pas de grandes politesses à de pareilles gens.

Bientôt après, on donna le signal du feu ; une multitude de fusées volantes du plus gros calibre furent lancées dans les airs, tandis que les soleils, les cascades d'artifices et les boîtes faisoient un vacarme infernal.

La petitesse du local occasionna une singulière méprise ; on mit le feu précipitamment à toutes les pièces d'artifice, et elles ne furent pas tirées

---

(1) A cette époque, des officiers français n'auroient pu être envoyés que par Napoléon. (*Note du traducteur.*)

dans l'ordre fixé par les ingénieurs. Ce désordre, joint au fracas des salves d'artillerie, n'étoit pas propre à charmer les yeux plus que les oreilles. La fête terminée, le peuple se retira dans le plus grand tumulte, en grimpant par-dessus les murs et les toits : l'apothicaire de l'ambassade, qui de sa vie n'avoit rien vu de semblable, en fut seul émerveillé, et s'écria qu'il avoit cru assister une seconde fois à la bataille de Leipsick.

C'est ainsi qu'en moins de dix minutes fut achevé un spectacle qui auroit dû au moins durer une heure. Mirza-Béjourk, d'abord un peu étourdi de ce contre-temps, eut recours à sa finesse ordinaire ; il dit à l'ambassadeur qu'on avoit pris le parti de tirer tout à la fois, afin de ne pas lui faire perdre un temps si précieux à voir des bagatelles.

Le bruit nous retentissoit encore dans les oreilles, lorsque nous arrivâmes à la maison, où nous avions invité les Anglais à souper. Ils y burent à la santé de leur souverain, dont on célébroit ce jour-là l'anniversaire.

CHAPITRE XVI.

Le lendemain matin, de très-bonne heure, l'ambassadeur reçut une lettre de Téhéran. Le premier ministre, Mirza-Jeffi, lui annonça que le schah avoit jugé à propos, à cause des chaleurs insupportables qui régnoient en ce moment dans sa capitale, de recevoir la légation à Sultanieh. Abas-Mirza nous pria de nous rendre, en attendant, dans sa résidence d'été à Oudgani, si la chaleur du climat de Tauris nous incommodoit. Rien ne pouvoit nous paroître plus agréable que cette proposition. Nous avions l'espérance de vivre avec plus de liberté, et d'être affranchis d'une étiquette des plus ennuyeuses. Il fut donc convenu que nous partirions au bout de deux jours. Abas-Mirza nous pria de lui envoyer dans cet intervalle nos musiciens et nos tscherkesses, voulant sans doute profiter de l'occasion pour faire connoître à ses femmes la musique d'Europe. Je raconterai à ce sujet une aventure aussi fâcheuse que singulière.

Un de nos tscherkesses, professant, comme ses camarades, la religion mahométane, étoit malade depuis plusieurs jours, et soigné avec

toute l'attention possible par le docteur Muller.
Comme il ne guérissoit pas assez vite à son gré,
il ne voulut plus suivre les ordonnances de notre
docteur, et demanda les conseils d'un médecin
persan. Il faut savoir que les médecins de ce
pays font consister toute leur théorie dans ces
deux principes : « opposer le froid au chaud,
» et le chaud au froid. » Le médecin de Tauris
prit un air important ; et, après s'être assuré que
notre malade étoit tourmenté d'une fièvre brû-
lante, il lui prescrivit d'avaler un certain nombre
de glaces. Le pauvre malade goûta fort ce remède... mais le troisième jour il mourut.

Je reviens à la fantaisie d'Abas-Mirza : il fit
exécuter par nos musiciens tous les morceaux
qu'ils connoissoient ; il examina en particulier
chaque instrument, et demanda qu'on lui en
expliquât les usages. Ce prince ne pouvoit contenir son étonnement de ce que des tons si discordans en apparence produisoient un ensemble
si harmonieux, et annonça qu'il feroit ses efforts
pour introduire une musique de ce genre dans
son armée ; enfin il renvoya nos artistes com-
blés de riches présens.

Quant aux tscherkesses (ou Circassiens),
leur talent consistoit à tirer de l'arc avec une
justesse extraordinaire. Abas-Mirza lui-même,
s'essayant à cet exercice, manqua six fois le but,

et le toucha le septième. Je croyois, dit-il, en remettant l'arc, la chose plus difficile ; les tscherkesses furent aussi généreusement récompensés.

Tauris présente, dit-on, le même coup d'œil que les villes d'Ispahan et de Schiras, et j'en suis fâché ; j'aurois voulu pouvoir faire l'éloge d'une ville persane. On ne peut pas dire qu'il s'y trouve des rues, mais des ruelles étroites et tortueuses, où l'on ne voit pas autre chose que des murailles. La saleté y est extrême : le Bazar, qui passe pour le plus beau de la Perse, n'est qu'une longue galerie en boyau, couverte avec des paillassons de jonc, et présentant de chaque côté de petites boutiques. On y trouve çà et là des ouvertures qui conduisent à de vastes magasins en pierres : c'est là que les négocians en gros déposent les marchandises que d'autres vendent en détail dans des boutiques petites et sans élégance. Ce fameux Bazar fait tout le tour de la ville par mille sinuosités ; il est constamment rempli de spéculateurs ou d'oisifs : la presse est telle qu'on se coudoie les uns les autres, sans préjudice de la rencontre fâcheuse des chevaux ou des porte-faix qui vous forcent de vous serrer contre les murs. Toutes les marchandises sont étalées sans aucun ordre : on trouve des choux et des bottes d'ail près des magasins de soieries, et de la chair de mouton rôti à côté d'un dépôt de schalls de Cachemire. Les marchands ne rougissent pas de surfaire du double ; mais ils n'en sont pas moins pauvres. Chaque vendeur n'a qu'un seul échantillon de la même marchandise ; si on lui en demande davantage, il est obligé d'aller en chercher dans la boutique d'un confrère. Il y a très-peu de schalls, et ils sont fort mal assortis.

Je dirai qu'à ce sujet toute l'Europe est dans une erreur surprenante : les Persans ont les plus mauvais schalls du monde ; les plus précieux sont transportés de Cachemire, par Bagdad, à Constantinople, et de là dans toute l'Europe. Nous avons entendu vanter en Perse, comme magnifiques, des tissus que ne voudroit porter aucune dame européenne. Je ne suis plus étonné d'après cela que le dernier ambassadeur persan, à Pétersbourg, ait donné à la comtesse Orloff un schall que cette dame a été bientôt obligée d'abandonner à sa femme de chambre, tandis qu'il admira comme le plus beau qu'il eût vu de sa vie, celui que portoit la comtesse. Les Persans ne voudroient jamais donner pour des schalls de Cachemire le prix exorbitant qu'on en paie à Constantinople et en Russie.

Cette digression me mène à dire un mot du costume persan : la coiffure universelle des hommes est un bonnet de peau de mouton, et leur habillement une tunique étroite ouverte sur la poitrine, et qui descend jusqu'aux chevilles ; cet habillement est d'une étoffe grossière pour les pauvres, de drap anglais pour les personnes de la classe aisée, de brocard d'or pour les grands seigneurs. La tunique est serrée d'une ceinture ; les gens riches forment cette ceinture avec un cachemire ; on y porte un poignard à manche plus ou moins précieux. Les officiers militaires ont en outre un large cimeterre au côté : leurs pieds sont couverts de chaussons de différentes couleurs ; et, pour sortir dans la rue, ils ont des pantoufles vertes.

Le vêtement supérieur est une espèce de doliman qui descend seulement jusqu'aux genoux, et est ouvert sous les aisselles, en sorte que l'on peut à volonté laisser flotter les manches sur les épaules, ou y passer les bras. On se teint les doigts et les ongles en rouge, et les cheveux en noir.

Toute la différence de la tunique pour le khan, ou le gouverneur de province, et pour le simple paysan, ne consiste que dans la richesse de l'étoffe. Quant à la coiffure, les gens riches roulent un schall autour de leur bonnet de peau de mouton ; c'est dans le doliman que l'on déploie le plus grand luxe ; on y emploie les draps anglais les plus fins, les brocards d'or, et les tissus de Cachemire.

Nous avons vu en cette ville un assez bon nombre de femmes, en dépit de la jalousie orientale ; leur costume nous a semblé du plus mauvais goût. Que l'on se figure d'immenses pantalons qui couvrent les jambes jusqu'à la cheville du pied, un vêtement supérieur qui ne descend pas plus bas que les genoux , et un long voile qui enveloppe la femme de la tête aux pieds. Ajoutez à cela une épaisse couche de vermillon qui couvre le visage. Les femmes des grands seigneurs sont, comme on le pense bien , habillées d'étoffes précieuses et de cachemires ; les femmes du commun ont des robes de toile de coton. Les premières emploient tous les soins imaginables et toutes les ressources de la coquetterie pour occuper l'attention de leur mari, ou plutôt de leur maître , et ce n'est pas peu de chose dans un harem où se trouvent cinquante à soixante de ces pauvres recluses. L'intérieur des harems est en quelque sorte un monde inconnu , car aucun autre homme que le maître de la maison ne sauroit y pénétrer, et les femmes une fois entrées y restent pour la vie. Voici cependant les détails que nous avons pu recueillir à ce sujet.

Les bâtimens du harem sont tellement construits qu'on ne peut voir de dehors ce qui s'y passe, à moins que ce ne soit de très-loin et d'une grande hauteur. La principale porte est gardée par des eunuques, mais le surplus du service intérieur est fait par des femmes. Les recluses qui doivent se haïr réciproquement sont logées si près les unes des autres, qu'on ne peut rien dire dans une chambre qui ne soit entendu dans celle d'à côté ; il n'y a pas moyen de se faire la plus petite confidence sans qu'une ennemie mortelle ne puisse en être avertie, et que *les propos* ne soient rapportés au maître du logis, avec des embellissemens et des variations ; c'est surtout dans un harem que les murs ont des oreilles.

Quand une de ces femmes vient à chanter pour se distraire, les autres la tournent en ridicule, en attendant qu'elle use à son tour de représailles.

Celle qui, en donnant un héritier au mari, acquiert le titre d'épouse, est toute fière de cette prérogative ; mais elle n'en est pas plus avancée, car elle se trouve exposée par là à des cabales plus perfides. Le mari seul profite de ces rivalités entre des femmes jeunes et jolies. En un mot elles passent toute la journée à se parer et à faire des minauderies, dans l'espoir d'attirer un regard de leur souverain seigneur et maître.

La religion et les mœurs imposent non seulement au mari le devoir de traiter convenablement ses femmes, et de leur fournir tous les objets nécessaires, mais il doit leur accorder quelque argent pour leur toilette et leurs menus plaisirs. Il y a des femmes qui amassent des épargnes en se privant de tout objet de luxe, et font ensuite présent au mari de leurs trésors ; c'est un sûr moyen de plaire à celui-ci, et de s'assurer la possession exclusive de ses bonnes grâces ; c'est ainsi que le mari vend son affection à ses femmes, et l'on peut juger par là de la délicatesse exquise des mœurs orientales.

Les enfans mâles restent jusqu'à l'âge de huit ou dix ans auprès de leur mère : quelles leçons peuvent-ils recevoir dans un pareil séjour ? quels exemples leur donne-t-on ? Sans doute on leur apprend à séduire leur père par d'innocens manéges, et à lui rappeler de temps en temps la mémoire de celle dont ils tiennent l'existence.

Je ne pourrois assurer jusqu'à quel point les femmes enfermées dans les harems peuvent nouer au dehors des intrigues amoureuses ; cependant il en existe des exemples, et j'ai vu quelques peintures persanes qui représentent des aventures de ce genre. Quand les maris sont absens pour aller à la guerre, ou se rendre à une mission lointaine, les odieux et farouches gardiens des femmes ne se montrent sans doute pas toujours à l'abri de la corruption. Les intrigues ont communément lieu avec des aveugles que l'on introduit dans le harem, sans qu'ils sachent où on les mène ; les femmes les y tiennent cachés dans une espèce de prison jusqu'à ce qu'elles trouvent une occasion favorable pour les mettre dehors ; rien de plus facile quand les eunuques sont de connivence.

Les femmes orientales sont extrêmement intéressées à la santé de leurs maris, car l'état de veuve rend leur détention encore plus triste.

Un fils, qui est resté jusqu'à dix ans dans le harem, et qui a été témoin de toutes les petites cabales de sa mère, ne sauroit avoir d'attachement sincère pour ses parens. Lancé tout à coup dans le grand monde, il ne se fait peut-être pas scrupule de profiter de l'accès libre qu'il a auprès des autres femmes de son père pour les séduire, et en cela sa propre mère ne doit pas manquer de le seconder de tout son pouvoir, comme on en a vu des preuves nombreuses. Il y a beaucoup de seigneurs persans qui interdisent à leurs fils même la vue de leur mère.

C'en est assez de ces tristes détails ; j'aurois peut-être mieux fait de ne pas soulever le voile qui couvre des mystères aussi hideux pour l'humanité ; mais sans doute mes lecteurs rendront grâces au ciel de les avoir fait naître dans un pays où les femmes sont honorées et respectées.

Je termine ce chapitre par une transition qui
paroîtra peut-être un peu brusque. Dans l'antiquité le fleuve Orontes passoit à Tauris ; on
n'y voit plus de nos jours qu'un misérable ruisseau bourbeux, nommé Spingtscha. Tauris est
situé par 38 degrés de latitude nord. Pendant
notre séjour, la chaleur a été communément de
22 degrés au thermomètre de Réaumur.

CHAPITRE XVII.

Nous partîmes de Tauris le 26 mai. Le gouverneur et plusieurs personnes de distinction accompagnèrent l'ambassade jusque hors de la ville. Nous traversâmes un pays de sable et de montagnes, en laissant à gauche la petite rivière Bavineu. Nous vîmes, à droite, une montagne isolée et encore couverte de neige. A midi, nous fîmes halte au village de Vasmitsch, entouré de collines boisées, et qui a donné son nom à un petit ruisseau. Abas-Mirza a ordonné aux habitans de planter des arbres; car, chez des hommes aussi indolens que les Asiatiques, il faut que les projets d'utilité générale eux-mêmes soient assurés par des réglemens sévères. Le bois, dans ce pays, se vend à la livre, et coûte extrêmement cher.

La veille nous avions éprouvé un vent impétueux du sud qui avoit amené une forte averse; les habitans en rendirent grâces à la Providence, car la pluie est fort rare en Perse, même en hiver, quoiqu'il tombât alors beaucoup de neige.

Nous reçûmes, le même jour, un message d'Abas-Mirza; le prince donnoit à l'ambassadeur les assurances les plus flatteuses de son amitié et de son estime. Il avoit porté la politesse jusqu'à faire apposer le sceau, qui, en Orient, tient lieu de signature, du côté gauche de la lettre; on n'en use ordinairement ainsi qu'avec ses supérieurs.

Le 27, nous parcourûmes un long espace sans apercevoir un seul arbre. Qu'étoient devenus ces forêts d'orangers, ces champs où croissoient les tiges orgueilleuses des lis! Hélas! l'herbe elle-même ne s'offroit plus à nos regards; des roches pelées, donnant à l'horizon une teinte grisâtre, fatiguoient et attristoient la vue. Toutes les fois que nous parvenions au sommet d'une hauteur, nous avions l'espérance de découvrir quelque merveille de la nature. Vaine attente! les montagnes succédoient aux montagnes, les rochers aux rochers, et la perspective devenoit de plus en plus monotone. Nous campâmes près d'un marais, non loin du village de Seidabad; on y trouve une eau à peine potable. A gauche, la route s'enfonce entre des hauteurs si rapprochées, qu'elles interceptent la lumière du jour. Alexandre, roi de Macédoine, dont cette route a conservé le nom, a été forcé de s'y frayer un passage les armes à la main; c'est sans doute un grand motif de recommandation aux yeux des amateurs de l'antiquité ; pour moi je préfère de beaucoup les prairies verdoyantes de mon pays.

Le 28, nous gravîmes une haute montagne, vers le milieu de laquelle est établi un caravansérail. Nous en atteignîmes le sommet, au son aigre et retentissant des grelots qui garnissoient le cou de nos chameaux et de nos mulets. La descente de cette hauteur n'est pas sans danger. Au bas se déploie, à perte de vue, une plaine stérile et couverte d'herbes flétries, en harmonie parfaite avec les montagnes qui l'entourent. Nous aperçûmes, enfin, une habitation qui se présentoit comme un point presque imperceptible au milieu de cet affreux désert ; c'étoit la maison de plaisance d'Oudgani. Nous ne voulûmes pas d'abord en croire la parole de nos conducteurs ; mais peu à peu cette habitation prit du moins l'apparence d'une orangerie, non pas à cause des arbres et des fleurs, mais par la forme des bâtimens. (*Voyez l'Estampe en regard.*)

J'ai déjà dit que le prince Abas-Mirza nous avoit assigné cette résidence jusqu'à ce que le schah son père fût arrivé à Sultanieh. La distribution intérieure des édifices est faite avec intelligence, et les dehors même ne manquent pas d'agrément. Une espèce de corridor sépare deux cours, où se trouve une multitude de jolies

Maison de Campagne du Prince Abas-Mirza à Udgani.

Vue du Chateau de Sultanieh et de la Place ou l'Ambassadeur reçut sa première audience.

chambres élevées de deux étages. Les fenêtres consistent en vitraux de couleur mélangés avec art. Les bâtimens s'élèvent sur une belle terrasse de pierre, et l'on descend, par des degrés, à des jardins de construction si moderne, que les arbres ne donnoient pas encore d'ombre.

Toute la maison est ouverte d'un côté, suivant la méthode persane ; il y a une salle assez spacieuse où se tient seul le prince héréditaire lorsqu'il accorde audience aux seigneurs rassemblés sur la terrasse.

Nous avons remarqué, dans la salle d'audience, quatre tableaux ; savoir, le portrait de notre empereur, celui de Buonaparte, et la représentation d'une bataille soi-disant gagnée par les Persans contre les Russes ; le prince Abas-Mirza et un officier en uniforme anglais occupent le premier plan du tableau. C'est dommage qu'on ne rapporte pas le nom de cette grande bataille. Le quatrième tableau représente le prince héréditaire, faisant, pour la première fois, manœuvrer à Oudgani, devant son auguste père, ses troupes disciplinées à la manière européenne. Le souverain est à cheval, et le prince prosterné à ses pieds. Plusieurs de nos messieurs trouvoient cette posture humiliante ; mais il ne faut pas confondre ce qui tient aux mœurs avec ce qui tient au caractère. C'est, en effet, un hommage de la piété filiale. A ce compte, les Japonais seroient donc les plus dégradés des hommes, car ils ne s'agenouillent pas seulement devant leur empereur lui-même, mais en présence d'un vieillard. Il n'est cependant pas de peuple, suivant moi, qui ait plus de fierté dans le caractère.

L'endroit le plus délicieux du château d'Oudgani est une large tour carrée, qui domine tout l'édifice, et l'on y trouve dans une salle élégante une retraite assurée contre l'excès de la chaleur. Les cours sont ornées de bassins; il y a aussi une salle de bains tout en marbre, et l'on y a pourvu à toutes les commodités imaginables.

L'horrible perspective des environs n'a pu dissuader Abas-Mirza de bâtir une maison de campagne dans ce pays. Il auroit dû au moins en être détourné par un vent terrible qui souffle régulièrement depuis huit heures du matin jusqu'à six heures du soir, et qui, bien loin de rafraîchir la température, apporte au contraire des bouffées continuelles de chaleur. On ne voit dans la campagne aucun être vivant, si ce n'est une multitude innombrable d'étourneaux qui couvrent tous les toits. Le chant des oiseaux, l'aboiement des chiens, se font entendre dès l'aube du jour, et ne permettent plus de fermer l'œil.

Nous étions depuis plusieurs jours à Oudgani, lorsqu'on nous annonça que le schah ne pouvoit recevoir l'ambassade avant le mois d'août, à cause du Ramadan : c'est le carême chez les Persans comme chez les Turcs. Pendant tout ce temps de pénitence, il n'est permis de se livrer à aucune affaire, ni même de boire ou de manger depuis le lever jusqu'au coucher du soleil. On n'oseroit pas seulement boire de l'eau, ni fumer sa pipe. Le Ramadan dure deux mois, et nous étions réduits à passer tout cet intervalle dans le triste Oudgani ; deux de nos messieurs tombèrent malades de la fièvre à cette seule idée. L'ambassadeur se sentit lui-même gagné par la mélancolie ; il pria notre mehmandar de nous procurer un autre séjour, où du moins il nous fût possible de jouir de la vue des arbres. On acquiesça à cette demande, et, quelques jours après , l'ambassadeur apprit qu'on avoit choisi pour notre demeure un village situé à deux journées de marche. Nous en fûmes enchantés, quoique nous eussions la conviction de ne pouvoir trouver ailleurs un séjour aussi commode sous d'autres rapports.

CHAPITRE XVIII.

Le 5 juin, nous fîmes nos adieux à Oudgani. On rencontre à quelque distance des ruines qui, au dire des habitans, seroient celles d'une grande ville détruite de fond en comble pendant les guerres qu'a entreprises Abas-le-Grand. Cette ville fut, dit-on, dans l'origine peuplée d'une race de géans nommés *Kausi*. Le plus célèbre d'entre eux est ce Roustan, dont il est si fréquemment question dans les poésies et dans les contes de l'Orient.

Les Kausi, ces géans fameux de la Perse, tirent leur nom d'un certain roi de Perse appelé Kausa, fils de Bobada-Kau-Kaus, second roi de la deuxième dynastie des rois de Perse, lequel porte dans l'Ecriture Sainte le nom de Nembrod : ce Kausa fut enfin enlevé au ciel dans un char attelé de deux aigles : la tradition ajoute qu'il a régné cent trente ans.

Le chemin que nous suivîmes étoit pierreux et entrecoupé de petites collines. Les Persans montrent sur la gauche de grosses pierres rondes sur lesquelles ils prétendent que les géans Kausi avoient coutume de s'asseoir et de délibérer, lorsqu'ils tenoient leurs conseils de guerre contre les Mèdes. Chacun d'eux apportoit au conseil la pierre qui devoit lui servir de siége.

A quelque distance de là est une petite rivière très-poissonneuse : en moins d'une heure, on y prit de quoi régaler toute l'ambassade. C'est une chose singulière que les Persans ne mangent pas de poisson par principe religieux ; tandis qu'ailleurs c'est la viande de boucherie qui est interdite.

Nous établîmes notre camp près du village de Tikmedach, dont le nom en langue persane signifie *amas de pierres*.

Le 6, même monotonie dans le paysage ; deux antiques caravansérails ; voilà les seuls objets qui fissent diversion à l'affreuse nudité des montagnes. Enfin, côtoyant le grand chemin qui conduit à Téhéran, nous tournâmes à gauche ; et, après avoir parcouru une bonne lieue, une vallée admirable surprit tout à coup nos regards. Un torrent rapide serpentoit au milieu de bosquets enchanteurs. En avant de ce bois se trouvoit le village de Sengilabat, destiné à devenir notre résidence temporaire, au lieu d'Oudgani.

Nous y campâmes dans un lieu charmant. Nos tentes étoient dressées tout près du torrent, à l'ombre de peupliers et d'abricotiers qui sembloient unis par des buissons de rosiers touffus. De hautes montagnes nous abritoient contre la violence du vent ; c'étoient les premières où depuis long-temps il nous fût possible de voir des pâturages. De nombreux troupeaux, errans çà et là, au milieu de hautes herbes, prêtoient encore aux charmes de l'ensemble. Une vieille tour s'élève au milieu de ce site, et en augmente l'effet pittoresque.

La chaleur étoit si forte, que le thermomètre de Réaumur, placé à l'ombre, s'élevoit habituellement pendant le jour à 24 degrés. Souvent nous donnions le soir dans notre camp une petite fête ; les arbres étoient illuminés, et notre musique exécutoit des airs russes au milieu des montagnes persanes. Les habitans, qui d'abord se montrèrent farouches, se familiarisèrent peu à peu avec nous ; ils finirent même par prendre part à nos amusemens.

Quelques jeunes officiers russes leur donnèrent une mascarade ; ils se déguisèrent en femmes, et jouèrent si bien leurs rôles, que notre mehmandar lui-même fut trompé ; il ne pouvoit concevoir où nous avions caché ces dames, qui jusqu'alors auroient été dérobées à ses regards. Les habitans ne se lassoient pas de considérer le costume des femmes russes ; ils étoient surtout fort étonnés que ces prétendues femmes n'eussent pas de voile, et demandoient s'il étoit vrai que chez nous les personnes du sexe se montrassent impunément à visage découvert. J'aurois pu leur répondre que trop souvent la beauté ne peut s'offrir *impunément* à nos yeux; mais ce n'est pas ainsi que ces bonnes gens l'entendoient, et une telle réponse eût été pour eux une énigme.

L'excès de la chaleur nous força de renoncer à notre manière de vivre européenne, et à adopter des coutumes persanes, dont nous nous trouvâmes fort bien. Nous déjeunions à neuf heures du matin, et nous ne dînions qu'à six heures du soir. Dans l'intervalle, nous restions couchés nonchalamment à l'ombre des arbres, en attendant la fraîcheur de la soirée.

Un jour, nous trouvâmes dans une tente un énorme et redoutable insecte de l'espèce appelée *phalangiens*. C'étoit sans doute une femelle qui venoit de pondre ses œufs; car, le même soir, nous en découvrîmes dix petits, qui couroient avec rapidité dans tous les coins de la chambre. Le phalangien est une araignée d'une grandeur énorme; il est couvert de poils rougeâtres; ses doigts sont divisés en petites griffes; ses mandibules sont armées de quatre dents qui font des morsures cruelles. Cet insecte est d'une vivacité extrême, et ne cesse de bondir en produisant une espèce de sifflement. Quand on renferme dans un bocal de verre un phalangien avec un scorpion, ils se livrent une guerre sanglante, où le premier a toujours le dessus. Si le scorpion ne se défend pas bien, il est bientôt coupé en deux par les dents de son ennemi (1).

La rencontre de pareils hôtes sous une tente est singulièrement désagréable, et souvent leur présence prive du sommeil. Dès qu'on a éteint la lumière, on les entend gratter sous l'oreiller, et l'imagination les multiplie par centaines ; mais ils disparoissent dès que la bougie est rallumée.

Parmi les provisions qu'on nous donnoit, le vin étoit seul de mauvaise qualité. Les Arméniens dans ce pays font seuls du vin, et n'en récoltent que pour leur usage. Il falloit en aller chercher au loin dans les villages des environs, et le plus souvent il étoit de si mauvaise qualité, qu'on ne pouvoit le boire.

---

(1) Les phalangiens, qu'on nomme aussi galéodes, à cause de leur tête en forme de casque, sont du genre des arachnides ; leur manière de vivre et leurs habitudes sont encore peu connues. L'espèce que décrit ici M. Maurice Kotzebuë paroît être le galéode sétigère, qui se trouve dans toutes les contrées du Levant et jusqu'au cap de Bonne-Espérance. Quelques écrivains prétendent que la piqûre en est mortelle, mais le fait n'est nullement vérifié.

(*Note du traducteur.*)

L'ambassadeur fut obligé de faire venir de Tiflis trois approvisionnemens successifs de vin qu'on nous distribuoit par rations journalières.

En Perse, il est très-dangereux de boire de l'eau ; elle donne des fièvres opiniâtres.

Croira-t-on que, dans cette saison, il n'y avoit encore aucun fruit, si ce n'est d'assez mauvaise cerises ? Quant aux légumes, ils manquoient absolument. Cependant, si l'on en croit les voyageurs, la Perse est le pays des arbres fruitiers ; ses habitans sont vêtus de schalls d'un grand prix, on ne voit partout que des roses, et le ciel est toujours serein ! Nos familles, j'en suis sûr, envioient notre sort sur la foi de ces belles relations ; tandis que nous aurions voulu être bien loin de ces contrées maudites, où l'on ne voit qu'un sol aride et sablonneux, au lieu d'un paradis terrestre.

Deux voyageurs anglais, le colonel Johnson et le capitaine Salder, qui traversoient la Perse comme la route la plus courte pour se rendre des Indes orientales en Angleterre, passèrent plusieurs journées avec nous. Le colonel parloit très-bien français, et possédoit des connoissances variées.

Les Anglais, qui jugent à propos de prendre ce chemin pour retourner dans leur patrie, s'embarquent au Bengale, et descendent dans le golfe

Persique, au fort de Benderabas, qui appartint jadis aux Portugais, ensuite aux Persans, et que ceux-ci ont remis, comme sûreté, entre les mains des Anglais.

Il y a dans le voisinage une pêcherie de perles dont les Anglais partagent l'exploitation avec les naturels.

De là, les voyageurs se rendent à Schiras, où croît le meilleur vin ; ils visitent les ruines de Persépolis, et sont reçus cordialement à la cour de Téhéran. Ils ont l'agrément de se trouver ensuite à Tauris, au milieu de leurs compatriotes; parvenus à Tiflis, ils traversent enfin la Petite-Russie, la Pologne et une partie de l'Allemagne jusqu'à Hambourg ou un autre port de mer.

Le colonel Johnson avoit apporté de Persépolis plusieurs pièces de monnoie qu'on y trouve sans peine ; il avoit aussi quelques fragmens de pierres, chargées de bas-reliefs et d'inscriptions tout aussi indéchiffrables pour les érudits que pour le vulgaire.

Les ruines de Persépolis se distinguent peut-être de toutes celles qui existent, en ce qu'on ignore absolument à quelle époque la ville a été bâtie, et même quels en ont été les habitans. Tout ce que l'on peut savoir, c'est qu'Alexandre-le-Grand l'a entièrement détruite. On assure qu'une de ses femmes mouroit d'envie de voir

Persépolis livrée aux flammes, et qu'elle ne lui laissa pas de repos qu'il n'eût satisfait ce caprice.

Ce qu'il y a de merveilleux, c'est que ses ruines ne paroissent point provenir d'édifices réservés à l'habitation des hommes ; ce sont les débris d'un temple d'une étendue prodigieuse , ou plutôt de la réunion de plusieurs temples. On y découvre une quantité innombrable de colonnes de toutes grandeurs , tantôt jonchant le sol , tantôt isolées, tantôt groupées ; on n'y voit pas les moindres traces de maisons ni de palais.

Qu'étoit-ce donc que cette prétendue ville ? Sans doute un temple immense dont les modernes ne sauroient se faire aucune idée. Il n'existe dans les environs ni villages ni ruines d'aucune espèce ; il n'y a pas même d'herbe , et ces vastes débris sont épars au milieu d'un horrible désert. Parmi les inscriptions, il y en a quelques unes d'assez singulières en langue grecque ; on y remarque le nom d'Artaxerxe. Les figures d'hommes ont des costumes dont on ne sauroit se rendre compte. Quelques unes paroissent être celles de rois ou de commandans d'armées, car elles sont debout à une place honorable ; les rois sont couverts d'un manteau, sur les bordures duquel sont des inscriptions dans une langue entièrement inconnue. Le colonel Johnson a fait présent au général Iermoloff de

quelques pièces de monnoie et d'un morceau
de l'aile d'un sphynx.

Notre mehmandar, soit par le seul plaisir du
changement, soit parce que notre résidence
pouvoit être à charge aux habitans de Sengilabat,
proposa à l'ambassadeur de nous transporter
dans un autre lieu. Nous quittâmes avec peine
cette belle vallée ; nous n'avons pu retrouver,
dans toute l'étendue de la Perse, d'aussi doux
ombrages.

CHAPITRE XIX.

Le 20 juin, dès l'aube du jour, et par un temps d'une beauté admirable, nous partîmes de Sengilabat. Nous arrivâmes à midi au village de Versagam, où nous campâmes sous une petite forêt d'abricotiers. La joie que nous procura la vue de ces plantations ne fut pas de longue durée ; nos conducteurs nous dirent que nous ne verrions pas d'autres arbres de sitôt, et l'événement réalisa leur prédiction sinistre.

Quoique le séjour de Versagam ne puisse être comparé à notre campement précédent, nous y trouvâmes cependant un paysage délicieux. La campagne est arrosée par une petite rivière. On y voit les restes d'un grand bâtiment, lequel appartient aujourd'hui, comme toute la contrée, au frère de l'infortuné Sadik-Khan, ancien possesseur du village.

L'histoire de ce Sadik-Khan est fort tragique. Lorsque le schah actuel monta sur le trône, il eut à lutter contre plusieurs partis qu'il réduisit enfin à l'obéissance. Sadik-Khan étoit à la tête de la faction la plus puissante et la plus riche ; il résista long-temps ; mais enfin, accablé par la force, il fut défait à la tête de ses troupes, et obligé de chercher un asile dans la Géorgie russe. Quelque temps après, il reçut un message par lequel le souverain annonçoit qu'il lui rendoit son amitié, et lui assuroit l'entier oubli du passé. Sadik, plein de confiance dans ces promesses, revint à Versagam, et rentra en possession de ses biens. Ses amis l'engagèrent en vain à se tenir sur ses gardes; il se laissa éblouir, et se rendit à Téhéran, où on lui infligea le supplice le plus affreux. Ce malheureux fut enfermé vivant dans un cachot dont la porte fut murée; il y périt de faim et de désespoir, après s'être à moitié dévoré les mains.

Il faut avouer que, chez ce peuple barbare, les lois ne sauroient être trop sévères. Le schah actuel passe pour un prince si doux, que les annales de la Perse n'offrent pas d'exemple d'un règne si modéré.

Les criminels endurcis aux châtimens supportent, avec une indifférence stupide, des tourmens cent fois plus cruels que la mort : aussi la correction la plus légère consiste à administrer au délinquant une bastonnade si terrible, que, pendant des mois entiers, il ne peut se tenir debout. Une autre peine, regardée comme simplement correctionnelle, est de battre le patient avec une corde garnie de nœuds énormes, comme si l'on frappoit sur une enclume; on finit toujours par lui enfoncer quelques côtes.

Un frère du schah, encore vivant, a fourni un exemple inouï de la patience au milieu des tortures. Fet-Ali-Schah, le souverain actuel, ayant découvert plusieurs conspirations où son frère étoit entré, lui pardonnoit toujours, dans l'espoir qu'il le gagneroit par son inépuisable clémence. Le prince opiniâtre ne renonça pas à ses complots : il fut enfin arrêté et conduit devant son frère, qui lui dit qu'il vouloit avoir ses yeux. Puisque mes yeux te plaisent si fort, répondit le chef des conjurés, tu peux les prendre. A ces mots, il se fit lui-même arracher les yeux, sans proférer un seul murmure, et les envoya à son frère sur un plat d'or.

Nous ne devions plus rester qu'un jour à Versagam ; nous y demeurâmes encore vingt-quatre heures, à cause de l'arrivée du conseiller Masarowitsch et de M. de Ricard, lesquels, ainsi qu'on l'a vu plus haut, étoient partis au mois de janvier pour Téhéran. Le schah avoit fait à ces messieurs la plus gracieuse réception, et leur avoit annoncé qu'il se rendroit incessamment à Sultanieh. En leur donnant une audience de congé, le souverain leur fit voir tout l'intérieur de son palais, qu'ils trouvèrent d'une beauté admirable.

Le 22 juin, après une courte marche, nous nous retrouvâmes sur le grand chemin que nous avions quitté à Sengilabat. Entourés de montagnes, nous jouissions du moins d'un air plus frais. Le village où nous établîmes notre camp se nomme Turkmanschai ; il est situé sur un petit torrent du même nom. A deux marches de là, se trouve la ville de Miana, célèbre par ses punaises venimeuses. Ces insectes sont singulièrement répandus dans toute la contrée, et il en existoit au lieu même où nous nous trouvions.

Nos nouveaux camarades nous racontèrent l'aventure fort plaisante d'un grand personnage de Téhéran. On sait que la religion musulmane défend sévèrement l'ivrognerie. Un khan avoit tellement pris cette mauvaise habitude, que le schah en fut instruit ; et, après lui avoir fait vivement des reproches, il finit par lui faire infliger la bastonnade ; cela ne servit de rien. Le schah jugea alors à propos de guérir le mal par son excès ; il ordonna à cet opiniâtre buveur de s'enivrer pendant quarante jours de suite, et le malheureux, fatigué de boire à si fortes doses, pria en grâce le monarque de le remettre au régime de l'eau claire.

Le 23, nous traversâmes un terrain inégal et fatigant, où l'on ne trouve pas seulement de l'eau à discrétion. Dans l'éloignement se présentent les deux villages de Hodgakoschan et de Tschanachplach, et, dans les limites de l'horizon, la chaîne des monts Caplanta. Nous campâmes à Avanloug, à l'ombre d'une belle forêt d'abricotiers. Il suffit dans ce hameau, d'abattre un morceau de muraille pour découvrir des centaines de punaises venimeuses. Nous y trouvâmes de plus d'énormes phalangiens, et un petit quadrupède fort curieux, dont les jambes de derrière sont d'une longueur démesurée; il ne fait que sauter, et ne sauroit marcher (1) : la fourrure de cet animal est rougeâtre, et il a des mœurs très-douces.

Le 24, nous passâmes devant plusieurs villages déserts, et les Persans nous assurèrent que les habitans avoient fui leurs maisons à cause des punaises. Une longue vallée stérile aboutit à la petite ville de Miana, dont le gouverneur reçut notre général avec tous les honneurs en usage dans le pays.

Cette petite ville est, si je puis m'exprimer ainsi, la capitale des terribles punaises, et nous fûmes obligés de camper une lieue plus loin, au pied des monts Caplanta, sur la rivière de Kar-

---

(1) C'est sans doute une espèce d'apossum analogue à celui de la Haute-Egypte. (*Note du traducteur.*)

lankou. Un superbe pont, de vingt-trois arches, paroît bien disproportionné avec la petitesse de la rivière ; mais il n'en est pas ainsi dans l'hiver lorsque les torrens sont gonflés par la fonte des neiges. Ce pont a été construit par ordre d'Abas-le-Grand: on y remarque des trottoirs et des degrés : aux extrémités sont quatre colonnes très-simples, dont une est entièrement en ruines.

L'insecte dangereux que l'on appelle la punaise de Miana mériteroit les recherches d'un naturaliste exercé. Il est un peu plus grand que la punaise d'Europe, d'un gris tirant sur le noir, et parsemé sur le dos d'une multitude de points rouges. Il se cache dans les murailles, et fréquente de préférence les plus vieilles. C'est là que les punaises se trouvent en grande abondance, et que leur piqûre est la plus dangereuse. Jamais elles ne se montrent en plein jour; elles craignent aussi la lumière : cependant la clarté des lampes et des bougies ne les met point toujours en fuite. Elles infestent Miana depuis un temps immémorial, et se répandent jusque dans les environs, où elles sont un peu moins dangereuses. En hiver, elles restent immobiles dans les trous de murailles, et, semblables à tous les animaux venimeux, c'est dans les grandes chaleurs de l'été que leur venin a le plus d'activité.

Je dois dire, à ce sujet, que les maisons persanes ne sont point bâties en briques ; mais surtout à Miana, et dans tous les villages, elles sont formées de masses d'argile pétries avec de la paille hachée.

Ce qu'il y a de merveilleux, même d'unique à l'égard de la piqûre de ces punaises, c'est qu'elles n'attaquent pas les naturels, ou du moins la piqûre qu'elles leur font n'a point de suites plus graves que celle des punaises d'Europe ; mais, en revanche, elles font une guerre cruelle aux étrangers qui ont le malheur de passer une nuit à Miana, et souvent elles donnent la mort en moins de vingt-quatre heures. J'en ai entendu raconter deux exemples.

Les Anglais de Tauris m'ont unanimement déclaré qu'ils ont perdu à Miana un de leurs domestiques, qui fut atteint par ces terribles insectes. Il éprouva bientôt dans tout son corps une chaleur violente, tomba dans une espèce de délire, et expira enfin au milieu d'épouvantables convulsions.

J'ai reçu d'autres informations non moins dignes de foi, du colonel baron Wrède, qui a servi long-temps avec distinction en Grusinie, et qui, il y a quelques années, a été envoyé en Perse comme ambassadeur. Lorsqu'il passa à

Miana, la saison étoit fort avancée ; ne croyant avoir rien à craindre des punaises, il y resta la nuit, mais avec la précaution de tenir une bougie allumée. Il n'éprouva aucun mal ; mais un Cosaque de son escorte eut, le lendemain matin, une tache noire au pied, tint des propos déli-rans, et tomba enfin dans un accès de fureur. Les habitans conseillèrent un remède usité en pareil cas ; ce fut d'écorcher un bœuf, et d'envelopper le pied du malade dans la peau encore chaude. On eut recours à cet expédient ; mais cela ne servit de rien, et le pauvre Cosaque mourut dans une douloureuse agonie. On assure que ce moyen réussit ordinairement ; mais il faut que le malade reste pendant quarante jours sans prendre autre chose que de l'eau sucrée et du miel. Comme je l'ai déjà dit, les naturels de Miana prennent sans danger ces punaises dans leurs mains.

Quel bonheur que ces formidables insectes ne se mettent point dans les habits, car ils se se-roient bientôt propagés dans toute la Perse.

Miana est encore fameuse par ses manufactures de tapis. On les fait de poils de chameau, et les couleurs en sont assorties d'une manière assez agréable. Les habitans nous en apportèrent un grand nombre dans notre camp, et nous nous en servîmes malgré la crainte d'y

trouver des punaises. Il est vrai que plusieurs
de nos messieurs y dormirent assez mal. Quant
à notre pharmacien, il préféra se promener
toute la nuit.

—

CHAPITRE XX.

Nous nous mîmes en route le 25. Une chaussée construite par Abas-le-Grand, et dont plusieurs parties sont encore très-bien entretenues, conduit au mont Caplanta, qui sépare l'Ador-Bégan, l'ancienne Médie, de la province d'Irakka-Atgémi, l'ancien pays des Parthes. Le chemin passe entre deux massifs de roches noirâtres, et serpente d'une manière pittoresque sur le flanc des montagnes.

Nous fîmes halte sur la cime la plus élevée, afin de jouir d'un coup d'œil imposant. On aperçoit, d'un côté, Miana et des montagnes qui vont presque jusqu'à Tauris ; de l'autre, sont des masses confuses de hauteurs qui se perdent aux limites de l'horizon, dans une teinte d'un jaune clair, bordé d'une petite lisière bleue, formée par les nuages. Ces hauteurs sont celles qui environnent Sultanieh.

Toute la contrée annonce une pauvreté extrême ; pas d'arbres, pas même d'herbe, rien qu'un sol sablonneux et jaunâtre, nuancé de toutes sortes de couleurs, et bien différent de celui de la province d'Ador-Bégan. Après avoir considéré long-temps cette perspective, sans être effrayés d'un vent impétueux qui souffloit à nos oreilles, nous commençâmes à descendre par une chaussée qui continuoit d'aller en serpentant. A gauche, les yeux étonnés se portent sur un rocher isolé à pic, où se trouvent les ruines d'une antique forteresse dite de la Vierge. On prétend que ce fort a été bâti par Artaxerxe, et qu'il tire son nom d'une jeune vierge qu'il y auroit tenue dans une cruelle captivité. Abas-le-Grand, sans respect pour l'antiquité de ce monument, l'a fait démolir, parce qu'il servoit de retraite aux brigands, et le passage des montagnes en devenoit très-dangereux. On voit encore un mur formé de quartiers de roches superposés avec un art admirable, et qui suit toutes les inégalités du terrain. Au milieu est une espèce de maison avec un toit en terrasse, mais qui n'a aucune porte, chose assez difficile à concevoir. J'ai découvert sur les toits un trou, par lequel on peut jeter des pierres qui produisent, en tombant, un long et sourd retentissement. Nous y avons trouvé une multitude étonnante de cailloux et de coquillages. Un de nos messieurs a découvert une couple de coquilles d'une espèce très - rare, absolument pétrifiées et réunies ensemble. La couleur de la montagne prouve qu'on pourroit découvrir

dans ses entrailles de grandes richesses minérales.

Il est plus facile de grimper jusqu'à cette
forteresse que d'en descendre : aussi nous fûmes
obligés de ramper sur les pieds et sur les mains.

En reprenant la grande route, nous atteignîmes les bords de la rivière Kisil-Osoun, c'est-
à-dire la *Rivière d'Or*. Nous fûmes surpris de
voir de toutes parts de petits morceaux d'étoffes
bariolées suspendus au milieu des broussailles.
On nous dit que ces lieux s'appellent *Pir* dans
le pays, et sont réputés saints. Les voyageurs qui
se trouvent trop foibles pour continuer leur
route, ou qui éprouvent des chagrins, ont coutume d'y réciter leurs prières, et de laisser une
pièce de leur vêtement, après quoi ils s'imaginent être consolés et fortifiés. Parvenus au
bas de la vallée, nous vîmes un pont élégant de
trois arches sur la rivière Kisil-Osoun ; on l'a
construit de pierres de taille d'une couleur jaunâtre. (*Voyez la* 1re *division du Frontispice.*)
Les arches sont grandes et hardies ; on y lit une
inscription arabe, qui atteste que ce pont a été
bâti, il y a cent quarante-quatre ans, par un
habitant de la ville de Casbin. Des millions
d'hirondelles font leurs nids sous les arches. On
trouve à l'extrémité une porte qui conduit dans
une grande salle intérieure. L'arche du milieu

a quarante pieds d'élévation ; mais il s'y est fait malheureusement une grande crevasse qui, par la suite des temps, pourra en déterminer la chute.

A quelque distance du pont, sont les ruines d'un caravansérail. Le site est enchanteur ; les sommets nus et noirâtres des montagnes contrastent délicieusement avec les bords verdoyans de la rivière. De loin le pont semble suspendu au milieu des airs.

C'est ici qu'a péri le fameux voyageur anglais Browne, victime d'un horrible assassinat. A partir du pont, la route côtoie la droite de la rivière, s'en éloigne ensuite, et passe à travers des montagnes sablonneuses dont la couleur offre un mélange singulier de rouge et de jaune clair. La première hauteur que l'on remarque est singulièrement escarpée, et le chemin y fait des détours sinueux. Nous reçûmes l'hospitalité au caravansérail de Dgamalabad, qui est encore fort bien conservé, quoiqu'il existe depuis cinq cent vingt ans.

Le 26, commencèrent ce que les habitans appellent les grandes chaleurs : en effet, il se fit un changement inconcevable dans la températance ; on n'apercevoit plus de toutes parts que des sables arides, et pas la moindre apparence de végétation ; nous marchions au milieu d'un

nuage de poussière, en nous ralliant au son
des grelots de nos chameaux. On reste ainsi
quelquefois pendant des semaines entières sans
respirer un air salubre ; les flots de poussière
entrent dans la bouche et dans les narines, et
obscurcissent l'atmosphère ; il n'est peut-être
pas de contre-temps plus désespérant pour un
voyageur.

Nous campâmes près du caravansérail de
Sardgam, où nous ne fûmes pas peu surpris de
trouver un petit village ; notre étonnement cessa
lorsque nous apprîmes que les pauvres gens qui
le peuploient, y avoient été transportés de force,
et par ordre exprès d'Abas-Mirza.

Les bords de la rivière Sanga, qui traverse
ces déserts, sont le seul terrain où l'on puisse
établir quelque culture. Les blés étoient déjà
coupés lors de notre passage.

Le 27, une chaleur excessive nous rendit la
perspective de la campagne encore plus affreuse.
Le grand chemin s'approchoit et s'éloignoit tour
à tour de la rivière Sanga : Quel pays, juste ciel!
Comment la bienfaisante nature a-t-elle pu en
produire un semblable dans sa colère ?

Je voudrois pouvoir exprimer en peu de mots
le spectacle qui s'offroit à nos yeux. Que l'on
se représente une plaine immense d'argile li-
quide, qui, agitée par une tempête, comme les

flots de la mer, se seroit tout à coup desséchée au commandement du Créateur. Cette argile, durcie et gercée par la chaleur du soleil, présentoit une innombrable multitude de débris irréguliers, et d'énormes crevasses : tel est le chemin que nous parcourûmes jusqu'au caravansérail de Nikpe ; nous y arrivâmes dévorés par le soleil, et suffoqués par la poussière.

Ce caravansérail a été fondé dans l'année 1049 de l'hégyre (1), par Bagadir-Schah, qui vint s'y reposer après le siége d'Erivan. C'est en souvenir de cet événement que le ministre de la cour d'Ispahan, nommé Touki-Hedai-Talahof, fonda un établissement de bienfaisance.

Ici se trouve la frontière du district de Tauris.

Le 28, nous remarquâmes un phénomène assez singulier : de l'autre côté des monts Caplanta, le vent se lève régulièrement à huit heures du matin, et cesse à six heures du soir. Ici c'est tout le contraire : l'air commence à s'agiter à six heures du soir, le vent souffle toute la nuit, et cesse le lendemain matin ; pendant la journée il n'y a pas du tout de mouvement dans l'air, et la chaleur est extrême.

---

(1) L'année 1820 correspond à l'an 1235 de l'hégyre, lequel a commencé au 19 octobre 1819.

(Note du traducteur.)

Après avoir traversé une campagne non moins horrible que le jour précédent, nous fûmes délicieusement surpris de trouver des arbres à notre halte au village de Iergide ; nous n'en avions pas découvert depuis Miana. Un bosquet et un ruisseau limpide d'eau potable sont des choses très-rares en Perse ; cette circonstance détermina l'ambassadeur à passer deux jours dans ce pays. Un peu de repos nous étoit d'autant plus nécessaire que nous avions à faire plus de six journées de marche sans nous arrêter ; la ville la plus proche est celle de Sangan, laquelle est gouvernée par Abdoula-Mirza, l'un des fils du souverain régnant (1).

Le 30, l'ambassadeur fut instruit par notre mehmandar, que le prince Abdoula-Mirza se disposoit à lui faire dans la ville de Sangan une réception solennelle. Le général n'est pas du tout ami du cérémonial ; il étoit surtout effrayé de l'excès de la chaleur ; nous partîmes donc à l'improviste vers deux heures du matin, et nous entrâmes *incognito* dans la ville, avant qu'aucun de ses habitans ne fût éveillé. Nous avions suivi les bords de la rivière Sanga dont

(1) Lorsque le mot *mirza* est placé après le nom, il désigne un fils du schah ; mais quand il le précède, il indique seulement un homme de qualité assez commune.

nous nous étions écartés l'avant-veille. Nous jouîmes du spectacle des jardins qui entourent les villages de Bari, de Sarim et de Guschker.

Sangan est une jolie ville : ses murs d'enceinte sont flanqués de tourelles, et l'on voit s'élever au milieu une tour carrée fort élégante, dont les fenêtres sont garnies de jalousies de couleur verte. Cette tour est le harem d'Abdoula-Mirza ; c'est là qu'il dérobe à tous les regards un certain nombre de pauvres recluses. Cependant ces femmes ne sont pas surveillées avec tant de sévérité qu'ailleurs, ni aussi timides : elles nous épioient à travers les jalousies ; et, en soulevant leurs voiles pour nous examiner à leur aise, elles nous permettoient aussi d'entrevoir leur visage. Plusieurs d'entre elles paroissent être des beautés accomplies. Au surplus, il ne faut pas trop s'en rapporter à notre jugement ; depuis plus de deux mois nous n'avions pas vu de figures féminines, et Satan lui-même en habit de femme nous auroit paru charmant.

On nous logea tous ensemble dans une grande et belle maison, à peu de distance du palais d'Abdoula-Mirza, en sorte que les personnes enfermées dans la tour dont je viens de parler, pouvoient nous voir dans la cour et à nos fenêtres.

Le général, ayant reçu la visite de quelques

uns des principaux officiers de Sangan, se rendit lui-même en cérémonie chez Abdoula-Mirza. Le prince eut la politesse d'offrir des chaises, non seulement à son excellence, mais encore aux personnes de sa suite. Abdoula-Mirza, qui est un des plus jeunes fils du souverain régnant, a vingt-quatre ans environ, et ressemble beaucoup à son frère Abas-Mirza, dont il est l'ami et l'admirateur déclaré. Pour plaire à son aîné, il entretient deux bataillons de troupes régulières. On a bâti exprès pour ces soldats une belle caserne à portée du palais.

CHAPITRE XXI.

Comme nous devions rester plusieurs jours à Sangan, j'en profitai pour aller visiter le bazar, qui est d'une pauvreté et d'une malpropreté extrêmes. On voit dans toutes les boutiques une multitude de turquoises : bien que ces pierres soient une production du sol persan, elles se vendent cependant à meilleur marché en Russie. Les deux mines de turquoises qui existent en Perse, sont les seules du monde entier ; encore la découverte de l'une d'elles est fort récente, et les pierres qu'on en tire sont d'assez médiocre valeur. L'autre mine, qui étoit la propriété particulière du souverain, se trouve malheureusement dans la province de Khorasan, laquelle est aujourd'hui en pleine révolution.

Il y avoit au bazar beaucoup de fruits, mais la plupart n'étoient pas encore mûrs, si ce n'est les poires que nous trouvâmes d'une excellente qualité.

Abdoula-Mirza avoit deux de ses enfans malades ; il pria le docteur Muller de venir les voir, et nous enviâmes tous au médecin de l'ambassade l'incomparable bonheur d'entrer dans un harem rempli des plus jolies femmes. Cependant sa curiosité ne fut guère plus satisfaite que la nôtre. La première fois, les enfans lui furent amenés par un eunuque ; mais ils crièrent comme si on eût voulu les écorcher vifs , et le docteur revint au logis sans avoir pu donner de consultation. La seconde fois, la mère et la nourrice conduisirent elles-mêmes les enfans ; mais figurez-vous le raffinement de la jalousie orientale. Une épaisse tapisserie séparoit le docteur des deux femmes, et l'on avoit fait passer les enfans tout seuls de son côté : tout son bonheur se réduisit donc à entrevoir les plus belles mains et les plus jolis pieds du monde.

Les soirs notre musique exécutoit des concerts qui attiroient chez nous et dans notre cour toute la ville. Il y avoit aussi des spectatrices aux croisées du harem , mais elles étoient cachées à nos regards par de maudites jalousies et par la hauteur des balcons. J'ai assez d'amour-propre pour espérer que ces dames ne nous auront pas bien vus : sans cela elles se feroient une idée bien peu flatteuse de la beauté des Européens ; dès le quatrième jour de notre arrivée, nous eûmes la figure et le corps tout couverts de boutons et de pustules douloureuses. D'innombrables taches rouges , semées sur toute l'étendue du visage et du corps, étoient produites par la piqûre d'une petite mouche imperceptible. L'ambassade entière étoit en proie aux plus vives et aux plus fâcheuses démangeaisons. Cette mouche moins dangereuse, à beaucoup près, que la punaise de Miana, ne se trouve, comme celle-ci, que dans l'intérieur des maisons, et attaque seulement les étrangers. Voilà encore une autre singularité des habitations persanes.

Cette contrariété auroit fait désirer à l'ambassadeur un nouveau changement de résidence ; mais on nous apprit que déjà le souverain avoit quitté le séjour de Téhéran, et qu'il alloit venir à petites journées, en faisant des parties de chasse jusqu'à Sultanieh, dont nous n'étions plus éloignés que de deux marches.

Abdoula-Mirza, ayant reçu l'ordre d'aller au-devant de son auguste père, prit congé de nous. Le 5 juillet, nous partîmes nous-mêmes avec joie, et fîmes halte à douze werstes de Sultanieh, près des ruines du village de Samanarchié, où nous devions attendre l'arrivée de Feth-Ali-Schah. On avoit déjà dressé près de nos tentes celles destinées au second ministre Mirza-Abdoul-Wehab, qui étoit chargé de complimenter l'ambassade, et de nous accompagner jusqu'à l'arrivée de son maître. Il vint nous voir le même jour, et nous remarquâmes en lui un homme doué d'une grande capacité et de manières agréables. Il s'habille avec beaucoup de goût, et montre une sorte de coquetterie ; c'est, au surplus, un très-bel homme. En sa qualité de membre de la secte des Séides, il a le droit de dire au schah la vérité, et il se fait singulièrement aimer par la franchise de son caractère et par son esprit.

Je dois dire ici un mot de ces Séides : ce sont des hommes qui descendent de Mahomet, et pour lesquels on a une vénération particulière. Un Séide a le droit de dire au schah tout ce qu'il pense, sans courir le moindre risque. On accorde aux gens de cette même famille l'accès libre dans toutes les maisons. Il faut les traiter de son mieux , et l'on ne peut les renvoyer qu'avec un présent. L'homme de la dernière classe, pourvu qu'il soit Séide, a droit d'entrer chez un ministre et de s'asseoir à sa table , surtout lorsque le ministre est de la même secte.

Feth-Ali-Schah voyageoit à petites journées ; ses astrologues avoient d'ailleurs fixé un jour reculé pour la réception de l'ambassade ; il devoit donc mettre un temps considérable pour venir à Sultanieh. Nous l'y attendîmes vingt jours. Nos yeux, avides de productions végétales, ne trouvèrent pas à se reposer, même sur un seul arbuste. Les plaines ne présentoient plus qu'une herbe fanée par le soleil, à peu près comme nos champs, après la récolte et une première gelée. Chaque jour, le thermomètre de Réaumur s'élevoit, à l'ombre, à 30 degrés. Il falloit tenir les portières des tentes tout ouvertes, et rester immobile la plus grande partie du jour. Par bonheur, il régnoit un vent presque continuel, dont la lente circulation nous apportoit quelque fraîcheur. Les nuits elles-mêmes étoient très-chaudes. Le thermomètre ne marquoit jamais moins de 8 degrés, et l'air étoit d'une telle sécheresse, qu'une feuille de papier, suspendue hors de la tente, ne s'y imprégnoit pas de la moindre humidité.

Les présens de l'empereur Alexandre au schah étoient venus par Astracan et la mer Caspienne. On les débarqua sur le territoire persan, et ils furent transportés, sans aucune dommage, à Sultanieh. Cette circonstance nous fournit l'occasion d'aller faire une tournée dans la ville où le souverain n'étoit attendu que pour le 19 juillet.

Je me rendis un jour à cheval à Sultanieh, afin de voir l'intérieur du château, ce qui n'est pas permis après l'arrivée du souverain. Quoiqu'il n'y eût pas plus de douze werstes de distance, j'éprouvai une différence de climat considérable, parce que Sultanieh est bâti sur une hauteur. Il gela dans la nuit ; j'avois peine à croire le témoignage de mes sens, sur un froid aussi vif par 36 degrés de latitude ; mais au point du jour, la campagne, toute blanchie par les frimas, ne me laissa aucun doute. Les premiers rayons du soleil occasionnèrent tout à coup une chaleur de 10 degrés ; et, trois heures après, le thermomètre s'élevoit jusqu'à 30.

La vue de Sultanieh n'étoit pas de nature à nous promettre un séjour fort agréable. Le château est sur une colline où croissent çà et là quelques arbres, et paroît bien peu digne de servir de résidence d'été à une tête couronnée. Je ne pouvois croire que le schah pût tenir dans un si petit espace avec les personnes de sa cour ; mais on m'annonça que toute sa suite camperoit sous des tentes, et que le schah logeroit seul dans le harem du château. D'après ces arrangemens, il y avoit plus d'espace qu'il n'en falloit.

Derrière le château est un village du même nom. A gauche, est une grande et majestueuse mosquée, entourée de ruines hideuses. Ce sont les seuls vestiges de l'antique cité de Sultanieh. Les environs n'offrent que des montagnes arides et pelées ; et c'est, pour une maison d'été, une bien triste perspective. A la vérité, un grand avantage rachète en partie ces inconvéniens ; on y jouit d'une salutaire fraîcheur, et le vent souffle continuellement avec force,

Lorsque j'entrai dans le château, j'y trouvai une grande multitude d'ouvriers travaillant avec une ardeur infatigable à réparer les fenêtres et les tuiles, à blanchir les murailles, à restaurer les ornemens, à mettre, en un mot, toutes choses en état pour recevoir le dominateur de la Perse. Si j'en excepte la salle d'audience, qui se trouve sur les côtés ouverts du château, je n'y ai vu aucun appartement qui mérite le nom d'un palais ; il faut savoir que Feth-Ali-Schah ne passe en ce lieu que quelques mois tous les quatre ans.

Les autres chambres, au premier étage, ne sont que de misérables trous communiquant par des portes et des corridors. En suivant une allée couverte, on arrive à un escalier, puis on pénètre dans une grande enceinte murée ; au milieu est une espèce de tour octogone, surmontée d'une coupole. L'édifice est percé de plusieurs portes, et se divise en une multitude de petites chambres ; celle du milieu est la plus spacieuse, et ses murs sont ornés de sentences en langue persane. C'est la demeure de l'épouse favorite du souverain, et l'on conçoit aisément combien une telle résidence est enviée. Il y a dans les murs d'enceinte une tour percée d'une porte, par laquelle les femmes peuvent jouir de la vue du camp. (*Voyez l'Estampe en regard de la p. 162.*)

On avoit dressé, tout auprès du château, plusieurs tentes destinées à recevoir les présens de l'empereur de Russie.

J'avoue que je revins à Samanarchié d'assez mauvaise humeur; la nouvelle que j'appris de la mort d'un de nos Tscherkesses contribua encore à attrister mon imagination.

L'ambassadeur envoya vers le schah un de ses officiers, afin de connoître avec certitude à quelle distance il étoit encore de Sultanieh. Quelques jours après, l'officier revint, et annonça que le souverain n'étoit pas très-éloigné; mais qu'à la manière dont il voyageoit, il se feroit attendre encore quelque temps. En effet, il chassoit continuellement, et ne faisoit presque aucun progrès d'un jour à l'autre.

Notre envoyé se trouvant dans un village, les Persans qui l'accompagnoient mirent en réquisition beaucoup plus de chevaux qu'il n'en falloit; c'étoit peut-être afin de pouvoir choisir. Les paysans jetèrent les hauts cris; mais ils n'osèrent rien entreprendre contre un mehmandar qui agissoit avec ordre exprès du gouvernement. Dans ces circonstances, les paysans ont un singulier privilége, c'est d'appeler leurs femmes à leur secours, et celles-ci ont le droit bizarre de frapper impunément les gens qui viennent faire des réquisitions. Elles prennent d'abord une poignée de terre qu'elles se répandent sur la tête, en disant : « Tu vois Ali! oh! saint succes-» seur du Prophète, que nous sommes réduites » à la dernière extrémité ! » Moyennant cette précaution, elles peuvent faire tout ce qu'elles veulent. Je ne conseillerois pas aux gouverne-mens d'Europe d'accorder aux femmes de sem-blables prérogatives.

Le Ramadan qui est, comme je l'ai dit, le carême des musulmans, étoit cause que nous ne voyions presque aucun Persan, durant le jour, dans notre solitude de Samanarchié. Ils res-toient tous sous leurs tentes, et observoient un jeûne rigoureux qui, à la vérité, devoit leur coûter peu par une aussi forte chaleur.

Dès que les derniers rayons du soleil étoient cachés, un mollah montoit sur le minaret, et crioit de toutes ses forces la fin du jeûne de la journée. A l'instant, tous les fidèles sectateurs du Prophète apaisoient leur faim et leur soif. Voilà ce qui peut s'appeler faire carême ; et ajoutez à cela qu'il dure un mois. Il est vrai que, pendant tout ce temps, les musulmans sont d'une foiblesse extrême, et incapables de vaquer aux devoirs de la vie sociale.

L'ambassadeur fit aussi une promenade à Sultanich, et donna le même soir, à son retour, une fête en plein air à Mirza-Abdoul-Wehab.

La musique exécuta des symphonies, et nous portâmes la santé du schah à la manière européenne. Notre gaîté ne déplut pas au ministre ; car c'est un homme très-enjoué, et qui passe pour un des premiers poëtes de sa nation. Comme ses compatriotes attachent beaucoup de vanité aux succès littéraires, lorsque l'ambassadeur lui eut dit que mon père, Auguste de Kotzebuë, étoit un des plus célèbres écrivains d'Europe, il répondit : C'est donc un homme comme moi !

CHAPITRE XXII.

Mirza-Abdoul-Wehab nous invita le lendemain à dîner ; mais à cause du Ramadan, le repas n'eut lieu qu'à huit heures du soir. Il avoit envoyé au général, dans la matinée, un présent considérable de vin de Schiras. Ce vin a quelque analogie avec celui de Porto ; seulement il est plus léger, et il exhale un doux parfum. Le ministre avoit eu soin de nous faire préparer des chaises, ainsi que des cuillers et des fourchettes, pour que nous ne fussions pas obligés de manger avec les doigts, comme les naturels du pays. On avoit placé les services très-bas, et l'on n'avoit point empilé les plats par centaines les uns sur les autres ; tous les mets étoient distincts, et c'étoit encore une attention très-délicate pour nous.

Lorsque nous fûmes réunis, on attendit, pour se mettre à table, que le mollah en eût donné le signal. Le ministre se fit alors apporter une boîte dans laquelle il puisa quelques prises d'opium. Cette drogue tient lieu de liqueur spiritueuse aux Orientaux. Les mets étoient nombreux, mais peu flatteurs pour des palais européens ; le pain lui-même, qui n'est qu'une espèce de galette mal cuite. En revanche, le vin étoit délicieux ; celui d'Ispahan ressemble beaucoup au Madère. Après le repas, nous passâmes sous une autre tente, où l'on nous servit du café sans sucre et des kalliouns, car les Persans fument toujours en sortant de table.

L'ambassadeur ayant eu la bonté de me donner le titre d'astronome, malgré mon peu de progrès dans cette science, le ministre me pria de venir le voir le lendemain, car c'est un grand amateur de mathématiques et d'astronomie. Ce fut M. Negri, conseiller de l'ambassade, qui m'accompagna chez le ministre, parce que l'interprète ordinaire n'étoit pas en état de traduire des discours scientifiques de cette nature.

Comme les Persans sont infatués de l'astrologie judiciaire, je crus devoir en profiter pour mettre en crédit notre ambassade. Il se trouvoit par bonheur que la planète de Jupiter brilloit alors au milieu de la constellation du Scorpion (1). Je déclarai au ministre que Jupiter,

____

(1) La constellation du Scorpion est remarquable par ses trois étoiles disposées en arc, et par la célèbre étoile *Antarès*, qui marquoit autrefois, tout juste, l'équinoxe d'automne. En 1817, la planète de Jupiter, qui est aujourd'hui dans le Capricorne, brilloit avec autant d'éclat que de symétrie parmi les étoiles du Scorpion.

par son éclat et sa grosseur, figuroit à peu près
parmi les autres planètes comme la Russie au
nombre des puissances européennes, et qu'en
Europe on regardoit généralement l'Asie comme
placée sous l'influence de la constellation du
Scorpion. La réunion de ces astres, continuai-je,
est une marque certaine que l'amitié des deux
nations est agréable à la Divinité. Le ministre
en accepta l'augure, et m'assura que les astrologues persans avoient déjà reconnu que nous
étions venus sous les signes les plus propices.

Je remarquai à côté du ministre un Persan
épais de corps comme d'esprit, le seul qui fût
admis à cette conférence; cet homme feuilletoit
continuellement un gros livre, et me regardoit
de temps en temps d'un air ironique en fronçant
le sourcil. Le ministre me le présenta comme
un habile mathématicien; je crois plutôt que
c'étoit un astrologue chargé de commenter mes
discours. Il ne cessoit de consulter son livre, et
lorsqu'il eut dit tout bas quelques mots au ministre, celui-ci me pria d'expliquer en quoi con-
sistoient les éclipses. Je me levai et fis le tour
du gros astrologue, qui d'abord trouva le procédé peu civil; mais arrivé derrière lui, je de-
mandai au ministre s'il me voyoit. L'astrologue
avoit assez d'embonpoint pour me couvrir tout-
à-fait, et le ministre répondit en souriant qu'il

ne me voyoit plus. Je repris la parole, en priant
l'astrologue de ne pas trouver mauvais que je
lui eusse fait jouer le rôle de la terre. Son excellence, poursuivis-je, est en ce moment le soleil;
moi je suis la lune, et voilà tout justement comment se font les éclipses de cette dernière planète. Je passai ensuite entre le ministre et mon
prétendu globe terrestre, et je dis qu'il y avoit
en ce moment pour l'astrologue éclipse de soleil, puisqu'il n'avoit plus le bonheur d'apercevoir les rayons de cet astre. J'ajoutai qu'il y
avoit aussi, par rapport au soleil, éclipse de
terre, mais qu'elle n'étoit pas totale, à cause
de la grosseur de celui qui représentoit notre
planète. Le soleil se mit à rire, et la terre se fâ-
cha..... Cela prouve qu'il est bien difficile de
rendre ici bas tout le monde satisfait.

L'astrologue, au surplus, ne me garda pas
rancune; car je ne tardai pas à le laisser jouir
de tout l'éclat de son soleil. Le ministre et lui se
donnèrent ensuite un air capable, et dirent
qu'après tout, l'éclat du firmament n'étoit qu'un
effet de la munificence divine; car les Persans
ne reconnoissent pas d'autres corps célestes que
Jupiter, Saturne et Vénus; ils croient que ces
planètes sont plus près que nous du soleil,
et, par conséquent, plus échauffées par ses
rayons.

Je crus devoir rectifier ces fausses idées. Je leur dis que, quant à Vénus, ils avoient raison ; que cette planète étoit, en effet, plus voisine du soleil, puisque tous les cent ans à peu près elle passoit devant son disque (1) ; mais qu'il n'en étoit pas de même de Jupiter et de Saturne, qui ne sont jamais interposés entre le soleil et nous.

L'astrologue, un peu humilié par ma démonstration des éclipses, recourut à son gros livre, et ouvrit un feuillet où se trouvoit une figure de bouc toute parsemée d'hiéroglyphes. Après avoir considéré cette image à plusieurs reprises, il me demanda ce qu'il y avoit, suivant nous, derrière les étoiles. Je répondis qu'à la vérité nos astronomes n'étoient point d'accord sur ce point, mais que, selon toute apparence, derrière les

---

(1) Il y a ici erreur ou plutôt omission de la part de notre jeune astronome. Les passages de Vénus sur le disque du soleil, séparés d'abord par un simple intervalle de huit ans, restent ensuite cent treize ans et demi, sans se répéter. L'abbé Chappe d'Auteroche a observé, en 1761 et 1769, deux phénomènes de ce genre : le premier en Sibérie, le second à San-Lucar, sur la côte d'Amérique, où il a péri victime de son zèle. Bien peu de personnes de la génération qui commence pourront entendre parler des deux prochains passages de Vénus. Ils auront lieu en 1874 et 1882.

(*Note du traducteur.*)

étoiles invisibles à l'œil nu , et qu'on ne peut apercevoir qu'à l'aide du télescope , existoient d'autres astres innombrables, commencement d'un autre monde infini.

A ces mots, mon homme laissa tomber son livre et sa figure de bouc ; il se mit à ricaner, et dit que les Européens seuls pouvoient concevoir de si belles choses. Satisfait d'avoir dit son mot, il reprit le livre tout triomphant, et ajouta : En voilà assez sur cette matière. J'étois encore plus charmé que lui de voir cesser un entretien qui auroit pu se prolonger jusqu'à l'infini, comme l'univers.

L'astrologue persan posa la main sur une feuille de son livre remplie de points noirs , qui paroissoient être de petites figures de diablotins. Il me demanda avec dédain ce que c'étoit que le vent. Je répondis que les alternatives de dilatation et de condensation de l'atmosphère , tour à tour échauffée par le soleil ou refroidie par son absence , occasionnoient des vides, où vraisemblablement l'air, se précipitant avec plus ou moins de violence , fait naître ce que nous appelons les vents dans une multitude de directions opposées. J'ajoutai que notre atmosphère ne s'élève qu'à une assez médiocre hauteur, et que plus loin se trouve l'éther, ou plutôt le vide dans lequel circulent les astres.

Voilà bien du galimatias, s'écria le Persan dans son langage ; vous autres, Européens, vous ne cherchez que les causes et les principes, et vous vous attachez ordinairement fort peu aux effets, même à ceux qui se passent sous vos yeux ; sachez donc que le vent est une matière qui existe en soi et par soi, qui agit sans cesse, et remplit tout l'espace dans lequel se meuvent tous les corps visibles et invisibles. Sans les vents, qui donc amèneroit les comètes ? Ce sont ces astres errans qui les dirigent, les purifient, et en augmentent ou en tempèrent la force ; car le vent est un des plus grands bienfaits de la Divinité.

Ce jugement de l'astrologue doit paroître fort sage dans un climat aussi chaud que la Perse, où l'absence du vent est une calamité publique.

En prononçant ces dernières paroles, l'astrologue avoit fait mouvoir avec rapidité les feuillets de son livre ; il s'arrêta avec complaisance à une image représentant une multitude de globes, et par-dessus, une figure horrible. Que pensez-vous du mouvement des corps célestes ? reprit l'interrogateur ; croyez-vous que le soleil se meuve, ou qu'il soit immobile ? Il est immobile, répliquai-je : tel est le système sur lequel nos astronomes sont désormais unanimement fixés. Nous ne pensons pas de même, répondit-il ; tout n'a-t-il pas été créé pour la gloire de la terre et pour celle de notre puissant souverain ? N'étoit-il pas naturel que la terre formât le centre du monde ? Grâces éternelles en soient rendues à Allah !

Il n'y avoit rien à répliquer à un semblable argument. Nous passâmes à un sujet moins susceptible de longues discussions, aux mathématiques. L'astrologue se plaisoit à étaler devant moi son savoir ; il me montra qu'il connoissoit la manière de mesurer la profondeur d'une plaine, quoiqu'elle fût traversée par une rivière inabordable. Le ministre prit à son tour la parole, et me dit que le schah lui avoit donné un jour une commission dont il s'étoit acquitté, à l'étonnement général de tous ceux qui l'entouroient ; c'étoit de lever le plan d'une plaine très-vaste. Il fut bien surpris lui-même d'apprendre qu'en Europe les plus jeunes écoliers se jouoient avec les élémens de la géométrie. J'exécutai devant lui quelques figures de trigonométrie, mais il n'y comprit pas grand'chose : il ne se faisoit pas la plus légère idée de nos tables de logarithmes.

Le reste de l'entretien roula sur le voyage que j'avois fait autour du monde avec le capitaine Krusenstern. Le ministre et son savant m'écoutèrent cette fois avec extase. Mais il y eut deux choses qu'ils ne purent concevoir; ce fut que j'eusse voyagé aux antipodes de la Perse, et surtout que j'eusse visité de plus belles contrées que celles qu'ils habitent.

Le noble Persan, après m'avoir remercié de ma complaisance, fit apporter des rafraîchisse-mens, m'invita à venir le voir le plus souvent qu'il me seroit possible, et nous nous quittâmes fort bons amis, même le gros astrologue et moi. Depuis ce temps, je ne suis allé qu'une seule fois chez le ministre, pour lui faire connoître la manière d'écrire sur une ardoise, avec des crayons de la même matière. Ce procédé, qu'il trouva fort commode, n'étoit pas connu en Perse, et le ministre fut fort étonné quand je lui appris qu'il existoit dans son pays plusieurs carrières produisant des ardoises toutes semblables.

CHAPITRE XXIII.

Le 19 juillet, plusieurs salves d'artillerie nous annoncèrent enfin l'entrée prochaine de Feth-Ali-Schah ; divers officiers de l'ambassade se rendirent à Sultanieh, et furent témoins de ce spectacle.

Des troupes d'infanterie formoient dans l'espace d'un mille, à partir du château, une double haie entre laquelle le cortége défila dans l'ordre suivant :

Un éléphant, portant sur son dos un riche baldaquin ;

Cinquante chameaux portant des musiciens coiffés de bonnets rouges ; leurs instrumens étoient de longues trompettes et des timbales.

Quatre cents chameaux transportant de petits canons et des banderoles flottantes. Ces pièces, du calibre d'une livre, s'appellent *zemboureks* ; elles tournent sur un pivot, et sont attachées au bât de l'animal. L'artilleur ou zembourekchi dirige à son gré ces petites pièces sur les points qu'il veut menacer.

On voyoit ensuite une batterie de dix-huit canons.

Vingt chevaux de main richement enharnachés.

Quarante coureurs ; ils portoient sur leurs bonnets des plumes disposées en forme de couronnes et de couleurs bigarrées.

Le schah étoit à cheval, et vêtu d'une manière très-simple ; mais le cheval étoit tout resplendissant de pierreries. Personne ne l'approchoit, soit en avant, soit en arrière, à plus d'une centaine de pas ; après le schah venoient dix-sept de ses fils, tous superbement vêtus, et montés sur les plus beaux chevaux : parmi eux figuroit l'aîné de tous, Mahmet-Ali-Mirza. Il étoit venu au-devant de son père à la tête de quinze mille cavaliers.

Un corps de cavalerie fermoit la marche.

Le souverain daigna remarquer quelques uns de nos messieurs qui s'étoient découverts devant lui. Il les salua en se dressant sur ses étriers, et s'écriant, à plusieurs reprises, *koschkeldi*, c'est-à-dire, soyez les bien-venus. Les Persans nous assurèrent que leur monarque n'avoit jusqu'à présent accordé cet honneur à personne, et surtout qu'on ne l'avoit jamais vu se dresser sur ses étriers (1).

____

(1) Les Russes ne négligent aucune occasion de citer des honneurs que reçoivent leurs ambassades, et qu'ils pré

Lorsque le schah fut près du château , on immola un chameau suivant la coutume du pays. Le prince descendit de cheval : on tira tout à la fois les cinquante petits canons dont j'ai parlé, et l'on posa aux pieds du schah la tête sanglante du chameau qu'on venoit de tuer. Une nouvelle salve d'artillerie annonça que le prince venoit d'entrer et de s'asseoir dans le château : toute la plaine se couvrit immédiatement, et à perte de vue , d'une multitude de tentes, laissant entre elles trois ou quatre avenues spacieuses.

Entre le château et la place où nous devions camper, on avoit ménagé un espace vide de quatre werstes et demie ; des marchands avoient reçu l'ordre de se rendre à Sultanieh de tous les points des environs. On établit près de notre camp un vaste bazar.

tendent avoir été refusés aux légations précédentes. Nous ne voyons pas cependant que le général français Gardanne et les derniers ambassadeurs anglais aient eu à désirer quelque chose sous le rapport du cérémonial.

Au moment où on imprime ce passage , les gazettes de Pétersbourg sont remplies des détails de la réception qui vient d'être faite , en 1819 , à l'ambassadeur actuel, M. Mazarewitch. La saison a permis de le recevoir à Téhéran, et l'on assure que, contre l'ancien usage du pays, il jouit fréquemment d'entretiens familiers avec le schah.

(Note du traducteur.)

Le schah fit demander plusieurs fois des nouvelles de la santé de l'ambassadeur, et se plaignit de ce que la rigueur du Ramadan ne lui permettoit pas encore de le recevoir. Le jeûne ne devoit finir qu'avec la nouvelle lune de ce même mois, c'est-à-dire le 31 juillet.

Le 26, le schah nous envoya un de ses officiers, nommé Safir-Khan, pour nous conduire au camp de Sultanieh : nous laissâmes passer la chaleur de midi, et nous partîmes vers trois heures dans l'ordre que voici :

Un détachement de Cosaques ;

Le maréchal de l'ambassade avec ses deux aides ;

La musique russe ;

Six officiers de l'état-major ;

Deux chasseurs et les courriers du sénat ;

L'ambassadeur sur un cheval magnifiquement orné, dont le schah lui avoit fait présent ;

Deux conseillers de légation ;

Toute la suite de l'ambassadeur, et enfin un autre détachement de Cosaques.

Le vent soulevoit des nuages de poussière qui nous aveuglèrent, et nous firent horriblement souffrir. Le conducteur de l'ambassade, Safir-Khan, nous fit sur ce contre-temps toutes les excuses imaginables : mais ce fut bien pis lorsqu'à moitié du chemin le vali, ou prince du

Kourdistan(1), avec quelques milliers de Courdes, vint au-devant de nous pour nous faire honneur. Ces cavaliers étoient mieux vêtus et plus habiles dans leurs manœuvres que ceux d'Erivan et de Tauris. Quelques uns étoient couverts de cuirasses et de cottes de mailles comme les anciens chevaliers. Tous sont armés de lances, et montés sur de beaux chevaux arabes. Plusieurs se distinguent par un certain nombre de plumes rouges à leurs casques. Chacune de ces plumes annonce qu'ils ont apporté au camp la tête d'un ennemi. J'en ai compté jusqu'à cinq dans le même panache. Ce qu'il y a d'étonnant, c'est qu'on décore le cheval du même nombre de plumes que le cavalier, comme si on vouloit le faire participer à l'illustration de son maître.

Le coup d'œil étoit admirable, mais nous nous en serions bien passés, car ces maudits Courdes, en formant un cercle autour de l'ambassade, avoient soulevé une poussière encore plus épaisse : nous étions enfermés en quelque sorte dans un nuage qui nous suffoquoit; notre tourment ne cessa qu'à l'entrée du bazar, où la cavalerie ne pouvoit nous suivre.

---

(1) Les valis étoient autrefois les princes souverains du Kourdistan ; ils en sont aujourd'hui les vassaux, et transmettent leur charge à leur fils aîné.

Le schah et toute sa cour nous regardèrent défiler du haut du château. On avoit dressé dans notre camp une grande tente servant de salle d'audience ; nous y descendîmes de cheval. Une garde persane de trois cents hommes présenta les armes à l'ambassadeur, et un de nos officiers baissa devant eux un étendard orné de l'aigle russe. Des rafraîchissemens nous attendoient ; nous les partageâmes avec notre conducteur, et le schah nous envoya ensuite féliciter sur notre bien-venue.

Seize grandes tentes et un grand nombre d'autres plus petites formoient notre camp. Nous logions trois ou quatre dans une seule : l'ambassadeur, outre la tente qui lui étoit réservée, avoit amené de Tiflis un kibitche qui lui fut extrêmement utile ; ce chariot étoit muni de stores en taffetas, et c'étoit le seul endroit où l'on pût trouver un abri contre le vent et la poussière.

Au milieu du camp s'élevoient trois grandes tentes remplies des présens : l'intérieur en étoit d'une richesse si éblouissante, qu'on se seroit cru dans le palais de l'Hermitage à Pétersbourg. C'étoit notre promenade favorite, et nous perdîmes notre passe-temps le plus agréable, lorsque les cadeaux eurent été transportés à leur destination.

Voici quelle étoit la nature de ces présens :

Un service complet de cristal ciselé ;

Un service magnifique en porcelaine, fabriqué à Pétersbourg, avec des peintures représentant les costumes de toutes les nations qui entretiennent des liaisons d'amitié avec la Russie. On y voyoit en outre des tableaux représentant les environs de Pétersbourg et les maisons de plaisance qui l'avoisinent.

On admiroit ensuite deux grands vases de porcelaine, qui étoient des chefs-d'œuvre de l'art.

Un immense plateau de cristal ciselé, long d'une archine et demie, plusieurs kalliouns ou pipes de cristal.

Une glace à la Psyché d'une seule pièce, haute de sept pieds et demi, et deux anges de bronze soutenant des candélabres.

Les Persans furent étrangement surpris en voyant ces figures. Ils ne cessoient de nous demander s'il y avoit chez nous des hommes qui eussent des ailes.

Une toilette de dame en forme de pyramide offroit l'assemblage de tous les genres de bois qui croissent en Russie, et dans leur couleur naturelle. Le travail en étoit d'un goût et d'un art admirables. On avoit placé en dedans une mécanique qui d'elle-même dévidoit ou tricotoit la soie.

On voyoit ensuite un éléphant doré servant d'horloge, et dont la trompe, les oreilles et les yeux se mouvoient par l'effet des rouages intérieurs. Dans le piédestal se trouvoient des paysages à tableaux mouvans, et enrichis de pierreries.

On avoit disposé avec élégance des fusils, des pistolets, des sabres provenans de la manufacture d'armes de Toula, et du plus beau travail.

Deux miroirs d'une seule pièce, et longs de cinq archines.

Un kailioun en vermeil.

Trois poignards à manches garnis de brillans.

Une tabatière, ou plutôt une boîte à opium, enrichie de diamans.

Des bagues, des anneaux et une grande quantité de montres.

Deux fourrures de martre zibeline, valant trente mille roubles la pièce, et beaucoup d'autres de moindre valeur.

Trois aigrettes de diamans, chefs-d'œuvre du joaillier de la cour.

Deux télescopes montés en or et en brillans ; une immense quantité de drap d'or et d'argent, et d'autres étoffes.

Personne ne niera que ce ne fût là un présent digne de la munificence impériale.

Plusieurs seigneurs persans à qui l'on fit voir ces trésors, en furent émerveillés. Ils ne pouvoient se décider à sortir de la tente. Ils admiroient particulièrement les cristaux qu'ils ne connoissoient jusqu'alors que comme formant le récipient de leurs pipes. Qu'on se représente l'effet d'un service de cristal à la clarté des bougies et au milieu de tant d'autres objets étincelans de pierres précieuses.

Le jour qui suivit notre arrivée, tout le camp se trouva sens dessus dessous, et présenta un coup d'œil qui n'étoit rien moins qu'agréable. Les boutiques du bazar formoient une longue avenue qui conduisoit au château, et aboutissoit à notre camp. Chaque marchand logeoit sous une petite tente dans laquelle on voyoit un coffre qui lui servoit à la fois de siége, de table à manger et de lit. Il y renfermoit en outre toutes ses richesses. On ne sauroit se faire une idée d'un spectacle aussi misérable. Pour se procurer dix archines de la même étoffe, il auroit fallu mettre à contribution trois boutiques différentes. L'ensemble en étoit fort triste.

A l'exception du château et d'une ancienne mosquée, on ne découvroit rien autre chose dans la plaine que des tentes et des sables à perte de vue.

Le surlendemain, l'ambassadeur fit une visite

au principal ministre , nommé Mirza-Ieffi. Celui-ci ne tarda pas à la rendre ; il amena avec lui une quantité considérable de seigneurs, parmi lesquels se trouvoit Mirza-Abdoul-Hassan-Khan, dernier ambassadeur à Pétersbourg (1).

Nous fûmes tous présentés au premier ministre. C'est un homme d'environ quatre-vingts ans, et de petite taille. Sa voix est foible et en quelque sorte sépulcrale. Son grand âge ne l'empêche pas d'avoir beaucoup de vanité, de se mettre du blanc et du rouge, et d'affecter de la vivacité dans sa démarche. On n'avoit peut-être pas encore vu d'homme rester, comme lui, pendant quarante-cinq années dans le poste si scabreux de chef d'une administration despotique. Quoiqu'il soit accablé d'affaires , il assure que sous un prince tel que le schah régnant, le ministère n'est qu'une bagatelle, et que sa vieillesse n'est nullement surchargée d'un pareil fardeau. Mais il en étoit tout autrement sous le prédécesseur de ce prince, Aga-Mahmed-Khan, qui étoit un eunuque : à cette époque Mirza-Ieffi éprouvoit tant de contrariétés et de dégoûts, que, malgré son amour pour son pays ,

____

(1) C'est l'ambassadeur actuel à la cour d'Angleterre, qui a visité Constantinople , Vienne et Paris.

(Note du traducteur.)

il fut plus d'une fois sur le point de donner sa démission. On peut le croire à cet égard : l'eunuque Aga-Mahmed-Khan étoit un fougueux et cruel despote.

Aga-Mahmed-Khan avoit été dans sa jeunesse la victime du traitement le plus odieux, parce qu'on vouloit l'empêcher de parvenir au trône. Cette horrible précaution ne l'empêcha pas de se mettre à la tête de conjurés intrépides, et d'usurper le souverain pouvoir, qu'il ne put conserver que par des atrocités inouïes. Dans sa position, il étoit agité d'une haine violente contre tout le genre humain. Livré à d'indéfinissables caprices, tantôt il accordoit une foi aveugle à tout le monde, tantôt il ne se fioit à personne, et finissoit par se défier de lui-même. Quand il avoit donné des ordres dans un état d'ivresse, qui lui étoit familier, il s'en repentoit tardivement, et versoit quelquefois des larmes amères sur le sort des favoris qu'il avoit immolés la veille. On ne doit pas s'étonner qu'avec un tel caractère il ne respirât que la guerre et les combats; mais il n'éprouva que des malheurs, et fut enfin assassiné par ses propres gardes.

Mirza-Ieffi se rendoit ournellement dans le cabinet du schah, et étoit obligé d'écrire sous sa dictée. Quand le roi étoit de mauvaise humeur, il tourmentoit son ministre de toutes les manières. Un jour le prince, hors de lui, l'accabla de reproches, et lui ordonna d'en prendre note ; il lui dicta, en conséquence, les injures les plus offensantes contre lui-même. Suivant l'impétueux monarque, son ministre n'étoit qu'un ambitieux qui cherchoit à le tromper, qui ne lui laissoit pas de repos, qui prenoit plaisir à le martyriser et à le priver de sommeil. Le ministre écrivit tranquillement, sans se laisser décontenancer, ce torrent d'invectives. Furieux de le voir calme, le prince lui jeta son coussin à la tête, puis sa pipe enrichie de diamans, puis tout ce qui se trouvoit à sa portée, et lui tira enfin un coup de pistolet à bout portant. La balle traversa la barbe du visir et lui fracassa l'épaule ; il tomba baigné dans son sang, et le cruel monarque se mit à dormir paisiblement sans penser à ce qui étoit arrivé.

La guérison de Mirza-Ieffi se fit attendre plus de six mois, et il resta tout ce temps sans paroître à la cour. Le schah ne daigna pas une seule fois s'informer de lui, et, dès qu'il apprit sa convalescence, il lui remit comme auparavant le timon des affaires.

Une autre fois il lui fit mettre au cou le fatal lacet ; mais, par bonheur, le ministre présenta une copie de l'Alcoran, qu'il portoit toujours sur lui, et ce livre saint lui servit de sauve garde.

Qui croiroit que ce brave vieillard regrette un pareil monstre? Je lui ai entendu dire que s'il eût accompagné son maître à la guerre, il se seroit mis entre lui et son lâche assassin.

La Perse a été livrée à des dissensions intestines et à des guerres continuelles ; elle compte, parmi ses derniers souverains, trois grands hommes : le fameux Tamerlan, ou Nadir-Schah, Abas-le-Grand et le prince qui règne aujourd'hui sous le nom de Feth-Ali-Schah. Les deux premiers ont agrandi son territoire, et porté au loin l'éclat de ses armes : Feth-Ali-Schah aime la paix, et fait le bonheur de son peuple.

On rapporte de Nadir-Schah une anecdote qui prouve la fermeté de son caractère. Lorsqu'il eut poussé ses conquêtes assez avant vers l'est, et fut parvenu des rives de l'Indus à Dehli, capitale du Grand-Mogol, qu'il livra au pillage, et dont il emporta à Ispahan les inestimables trésors ; il s'occupa à s'agrandir vers l'ouest, et ne laissa pas les Turcs respirer un moment. En s'avançant par des marches rapides, il trouva une grosse pierre sur laquelle, dans un temps reculé, on avoit dressé l'inscription suivante :
« Que celle des deux puissances, la Turquie ou
» la Perse, qui franchira cette barrière et

» voudra s'agrandir aux dépens de son voisin,
» soit maudite à jamais ! »

Nadir-Schah fut d'abord un peu ému à l'aspect de cette inscription ; son armée pouvoit céder à la superstition, et lui reprocher de n'avoir pas respecté cette *pierre d'achoppement*. Mais il s'avisa tout à coup d'un expédient singulier ; ce fut de faire charger la pierre sur un énorme chariot que l'on conduisit à la tête de son armée ; en sorte qu'il n'eut pas besoin de dépasser cette barrière mobile.

Lorsque le ministre Mirza-Ieffi eut terminé sa visite à l'ambassadeur, on le mena, ainsi que ses principaux officiers, sous la tente où les présens étoient exposés. Tout Asiatiques qu'ils étoient, ils furent frappés d'un étonnement inexprimable. Ils ne savoient sur quels objets fixer les yeux. Les monosyllabes *pah ! pah ! houp !* étoient les seuls qu'ils pussent articuler. Il ne manquoit plus qu'une machine électrique pour ajouter à tant de prodiges. L'admiration qu'ils éprouvoient se communiqua à leurs gens, qui, suivant l'usage, embellirent dans leurs récits tout ce qu'ils avoient vu. Quelques uns de ces valets, en regardant à travers les interstices de la tente, avoient peut-être pris les cristaux pour des diamans : le bruit se répandit aussitôt dans tout le camp que l'empereur de Russie envoyoit au roi de Perse un service tout en diamans.

Nous reçûmes aussi la visite du chargé d'affaires d'Angleterre Withlock et du docteur Campbell.

CHAPITRE XXIV.

Le vent souffla avec fureur pendant trois jours, et nous enveloppa sans relâche dans un immense nuage de poussière. Plusieurs fois dans la journée des tourbillons s'élevoient en colonnes jusqu'aux nues, et retomboient sur nos tentes. C'est une chose singulière que ces tourbillons lorsqu'ils rencontrent une masse qui leur résiste; par exemple, le château de Sultanieh. Ils se divisent en deux parties égales, et se réunissent de nouveau quand l'obstacle est franchi. Nous avions près de nous un bivouac, où quelques centaines de fusils étoient rangés en faisceaux; la violence d'un coup de vent enleva toutes ces armes, et elles restèrent long-temps suspendues en l'air, entraînées par le tourbillon, avant de retomber à terre.

Le matin et le soir, on tiroit du château un coup de canon pour annoncer, soit le commencement du jeûne, soit la permission de prendre des alimens après le coucher du soleil. Il en fut ainsi pendant toute la durée du Ramadan.

Le schah n'avoit pas négligé de s'informer souvent de la santé du général. J'ai dit que la première audience étoit fixée au 31 juillet. Voici les cérémonies qui furent observées :

Dès onze heures du matin, l'infanterie régulière du schah, en uniformes rouges, se rangea en deux haies, depuis le château jusqu'au lieu où nous étions. Nous vîmes paroître, d'abord, Mahmoud-Khan, second aide-de-camp général du roi, accompagné de plusieurs officiers de la ville : on les reconnoissoit à leurs bonnets entourés de schalls rouges, et aux grandes cannes de roseau qu'ils tenoient à la main. Ils se mirent à la tête du cortége, et firent écarter la multitude au nom du souverain. On donne à ces officiers de police le nom de *Essauls*.

L'ambassadeur reçut Mahmoud-Khan, sous la grande tente, et après un échange réciproque de politesses, nous nous dirigeâmes vers le château.

Un cheval de prix fut offert à l'ambassadeur au nom du prince ; ce cheval étoit couvert de harnois en or, enrichis de pierreries ; et, suivant la coutume persane, il devoit rester en la possession du général. On mit la lettre de l'empereur Alexandre au roi de Perse sur un plat d'or, et nous partîmes dans l'ordre que j'ai déjà eu l'occasion d'indiquer · seulement les domestiques qui marchoient devant le cheval de l'ambassadeur portoient des livrées plus riches. Les troupes présentèrent les armes, et les trompettes sonnèrent une fanfare.

Nous fûmes reçus dans l'intérieur du château, dont je dois donner ici une plus ample description. J'ai déjà dit que ce château est entouré d'arbres, plantés sur une seule ligne, à peu de distance de son enceinte. L'intervalle entre le château et les arbres étoit en quelque sorte séparé en deux cours par de hautes tapisseries de couleur rouge.

Ces tapisseries s'appellent *Saraperda*. C'est un tissu de coton communément rouge, dont on fait les toiles des tentes. Les gens riches et les khans en emportent dans leurs voyages pour loger leurs femmes.

La tente du schah étoit dressée dans la seconde cour ; c'est là qu'il nous donna audience. Il y avoit, à l'issue de la première cour, une tente où l'ambassadeur fut d'abord complimenté par le premier adjudant - général du schah, nommé Alajar-Khan, lequel a l'honneur d'être un de ses gendres ; les principaux officiers de la cour environnoient ce personnage.

On avoit préparé pour l'ambassade des chaises couvertes en velours cramoisi. Alajar-Khan dit au général que ce jour étoit le plus heureux de sa vie, puisqu'il alloit voir un si grand et si puissant monarque, et il lui fit servir

du thé et de l'eau de rose. Bientôt après il sortit, revint et annonça que le schah étoit disposé à recevoir l'ambassadeur. Personne ne
suivit notre général, si ce n'est les deux conseillers de légation, dont un portoit la lettre sur
le plat d'or.

L'ambassadeur remit, de sa propre main,
la lettre de son souverain au roi de Perse, et
prononça ce discours :

« L'empereur de Russie, mon puissant mo-
» narque, ferme dans ses principes comme
» dans ses sentimens, professe une haute estime
» pour la personne de Votre Majesté et pour la
» gloire qui l'environne. Il désire consolider à
» jamais la paix qu'il a conclue avec la Perse,
» et qui fait le bonheur de Votre Majesté. Je
» m'estime heureux d'avoir été choisi pour
» apporter à Votre Majesté ces vœux de mon
» maître. Dieu est témoin de ses bonnes inten-
» tions à l'égard de la Perse. »

Le conseiller d'Etat Negri traduisit cette
courte harangue en langue turque, langue que
le schah parle très-bien et avec beaucoup de
plaisir (1).

Le prince invita l'ambassadeur à s'asseoir; il
avoit fait placer son siége en face du trône :

____

(1) Feth-Ali-Schah est d'origine turcomane.

c'est un honneur qu'aucun Européen n'avoit encore reçu, et nous y avions ajouté l'innovation hardie de paroître en bottes.

Après que nous eûmes attendu un quart d'heure sous la première tente, le second adjudant-général vint nous conduire à l'audience. Nous passâmes par une espèce de portière pratiquée dans la tapisserie, où l'on a représenté un monstrueux dragon, et nous entrâmes dans la première cour, bordée de Persans et de Courdes sous les armes. Une garde nombreuse se tenoit à l'entrée de la seconde cour. Je remarquai, près de la porte, un officier portant un bâton d'argent.

Lorsque nous fûmes introduits dans la seconde cour, où étoit dressée la tente du schah, je m'imaginai d'abord la voir toute remplie d'hommes armés ; mais ce n'étoient que des soldats en peinture représentés sur les tapisseries ; il n'y avoit dans la cour qu'un assez petit nombre de khans et d'autres officiers supérieurs rangés sur deux lignes, et exposés à toute l'ardeur du soleil.

Depuis la porte d'entrée jusqu'à la tente, il pouvoit y avoir une centaine de pas à faire. Au tiers du chemin, l'adjudant-général s'arrêta, et fit une profonde révérence. Au second tiers, il quitta ses pantoufles, et salua de nouveau (nous n'imi-

tâmes que cette dernière partie du cérémonial).
Parvenu à l'extrémité. il s'arrêta encore, fit une
troisième révérence, et adressa en ces termes la
parole au roi :

« Les officiers de l'ambassade russe désirent
» avoir l'honneur de s'approcher de la poussière
» des pieds de Votre Majesté.... Ils attendent
» vos ordres. »

Le schah se tourna lentement vers nous, et
s'écria : *Hoschkeldi ! hoschkeldi !* (soyez les
bien-venus) ; nous ôtâmes nos chapeaux , et
fûmes introduits sous la tente.

L'ambassadeur se leva, et demanda au schah
la permission de nous présenter individuelle-
ment. Le schah y consentit volontiers ; il nous
demanda des nouvelles de notre santé, et de la
manière dont nous avions supporté un si long
voyage. A mesure qu'on nommoit chacun de
nous , le roi faisoit de légères inclinations de
tête , en répétant son éternel refrain *hoschkeldi !*

Lorsque ce fut mon tour, l'ambassadeur dit :
Voici un jeune homme qui a fait le tour du
monde, et n'est venu en Perse que pour avoir
le bonheur de contempler sa majesté. Le schah
répondit : Je lui souhaite toutes sortes de pros-
pérités ; *maintenant il a tout vu.*

Le roi nous parla avec amitié de notre empereur. Il déclara qu'il nous regardoit en ce moment comme à son service, et qu'il espéroit de nous la même fidélité que pour notre propre monarque (1). Puis, s'adressant au docteur Muller, il dit : A présent, vous êtes aussi mon médecin.

Dans le cours de la conversation, le prince s'informa du cérémonial qui se pratique aujourd'hui dans les entrevues personnelles des souverains. Je voudrois, dit-il, que l'empereur Alexandre vînt me voir ; j'irois certainement au-devant de lui.

Le roi de Perse est véritablement doué des manières les plus aimables et les plus engageantes. En le voyant, j'avois peine à croire ce que les précédens voyageurs ont raconté des souverains de ce pays. C'est même un prodige qu'un monarque puisse avoir tant de jugement et d'esprit au milieu d'une cour aussi ignorante.

Feth-Ali-Schah est d'une stature moyenne ; il a les yeux grands et vifs, et le front majestueux ; tout le bas de son visage est caché par une longue barbe qui lui descend presque jus-

---

(1) Tous ces détails prouvent que les monarques orientaux se font une singulière idée des ambassades européennes.

(*Note du traducteur.*)

qu'aux genoux. La beauté de cette barbe est célèbre dans toute la Perse, et les sujets ont coutume de l'invoquer dans leurs sermens les plus solennels.

Le prince étoit sur un trône doré, enrichi de pierres précieuses, lequel ne ressemble pas mal aux fauteuils de nos grands-pères. Sur le premier degré est sculptée, en or, la figure d'un lion couché.

Vêtu de drap d'or et d'étoffe de Cachemire, le monarque avoit près de lui une large couronne surmontée de trois aigrettes de diamans. Il porte en bracelet deux diamans d'une grosseur énorme, fameux jusqu'en Europe, et entourés eux-mêmes de gros brillans. L'un de ces diamans s'appelle *dariainour*, la mer de lumière; l'autre *kouinour*, la montagne de lumière.

Le poignard et la ceinture du prince étincellent de grosses pierreries et de perles; la tente sous laquelle il nous donnoit audience étoit doublée d'une étoffe de soie rouge. A droite du trône se tenoient dix-sept des fils du monarque.

Un très-beau jeune homme, richement vêtu, et qui doit être son neveu, étoit placé auprès du schah comme en sentinelle, près d'un tapis brodé de perles magnifiques, et garni d'un coussin de forme ronde, avec des glands formés

de perles d'une incroyable grosseur. Sur ce
même tapis étoient un énorme kallioun, orné
d'un gros diamant solitaire, et de plus une coupe
formée d'une seule pierre précieuse.

Devant la tente en dehors se tenoient trois
officiers. Le premier portoit une couronne sur
un coussin richement brodé ; le second tenoit
un sabre, et le troisième un bouclier tout éclatant de pierreries, et qui doit être un des morceaux les plus précieux du trésor des rois de
Perse.

D'après ces détails, on peut se former une
idée de la richesse du coup d'œil ; cependant, je
dois le dire, je ne vis rien là qui annonçât cette
mollesse et cette recherche asiatiques, dont il est
tant question en Europe.

A la fin de l'audience, le premier ministre
entra dans la tente, et prit place auprès de nous.
Le schah lui dit à haute voix toutes sortes de
choses flatteuses sur le compte de l'ambassadeur,
et loua particulièrement la politesse du général
qui se levoit toutes les fois que le monarque lui
adressoit la parole.

A notre départ, le monarque nous montra
la même affabilité, et donna des ordres pour
que rien ne manquât aux diverses personnes de
la légation. Nous nous en retournâmes comme
nous étions venus, en faisant dans la cour trois

révérences. L'adjudant-général reprit ses pantoufles à la place où il les avoit laissées, et nous accompagna jusqu'à notre logement. L'ambassadeur étoit enchanté du schah, que nous apprîmes être le premier poëte de sa nation.

CHAPITRE XXV.

Pour ne pas trop se livrer à des plaisirs profanes, pendant la durée du Ramadan (1), le roi de Perse ne voulut pas voir les présens avant l'expiration de ce temps de jeûne et d'abstinence. La veille du jour fixé pour la réception des présens, on les transporta dans une grande tente dressée auprès de la salle d'audience. Le schah regardoit les préparatifs des fenêtres de son château ; il nous envoya plusieurs fois faire des remercîmens de toutes les peines qu'on se donnoit. Nous vîmes, avec beaucoup de déplaisir, détruire ce charmant *ermitage*, qui, comme je l'ai dit plus haut, nous procuroit tant d'agrémens. Le soir du jour où l'on avoit fait ces nouvelles dispositions, un désordre et un tumulte inconcevables régnèrent dans toute l'étendue du camp. Les dévots musulmans levoient tous les mains

______

(1) Les Persans ont quatre jeûnes par an. Le plus rigoureux est celui de la nouvelle année, qui commence, en Perse, le 10 mars. A cette occasion, le schah reçoit d'immenses présens de toutes ses provinces. Il partage entre les seigneurs de sa cour, et fait même distribuer au peuple des pièces de monnoie nouvellement frappées.

au ciel, en attendant l'apparition de la nouvelle lune. L'aspect de cet astre leur annonce enfin que le jeûne est à son terme, et qu'ils peuvent cesser de faire du jour la nuit, et la nuit du jour.

Le lendemain, on célébra une grande fête. Dès les premiers rayons du soleil, toutes les troupes se dirigèrent sur le château au son des trompettes. L'ambassadeur fut introduit dans le château, et admis en présence du schah. Le conseiller Negri étoit le seul Russe qui l'accompagnât. Une batterie de vingt-neuf canons tira trois salves. Pendant que le général s'entretenoit avec le monarque, la musique persane exécuta une brillante symphonie, composée de vingt tambours et de trompettes d'une énorme longueur (1).

Deux danseurs de corde marchèrent avec assez d'adresse sur un câble tendu depuis le sol de la cour jusqu'au toit du château, et qui passoit par-dessus la salle d'audience, où le prince se tenoit avec le général. Parvenus au faîte de l'édifice, ils descendirent sur la même corde.

---

(1) La musique se rassembloit tous les soirs, au coucher du soleil, devant le château, et y faisoit un vacarme épouvantable. Le privilége d'une telle sérénade est réservé aux fils du schah et aux gouverneurs des provinces.

On fit exécuter des tours d'adresse à trois
éléphans, qui s'agenouillèrent, à plusieurs reprises, au commandement de leurs cornacs.

Les fils du schah et les principaux khans, restèrent pendant tout ce temps au milieu de la
cour, dévorés par l'ardeur du soleil, et s'esti-
mant trop heureux lorsque le prince daignoit
les honorer d'un coup d'œil ou d'un mot insignifiant. Enfin, le schah pria l'ambassadeur de
vouloir bien retarder d'une demi-heure la remise
des présens, parce qu'il étoit obligé de faire sa
prière. Le général retourna donc sous la tente
où les riches cadeaux étoient déposés.

Après avoir satisfait à ses devoirs religieux,
le schah vint examiner les présens, et fut ravi
de se contempler tout entier dans une glace
pour la première fois de sa vie. Il dit, en par-
lant du miroir à la Psyché : Voilà un objet que
j'estime plus que tous mes trésors. A la vue de
chaque chose nouvelle, il se récrioit d'admiration, en prononçant les interjections persanes,
pah! pah! houp! houp! Le service de cristal
lui plut infiniment ; il s'en fit présenter séparé-
ment toutes les parties, en répétant pour chacune d'elles sa formule de complimens : J'estime
plus cela que tous mes trésors.

Le général dit à sa majesté, en lui rendant
politesse pour politesse, que l'opulence des tré-

sors de la couronne de Perse étoit si connue qu'on n'avoit pas cru devoir songer à y ajouter de nouvelles richesses ; qu'on avoit seulement voulu donner à samajesté une idée de tous les produits des manufactures de la Russie. Tout cela est au-dessus de tous mes trésors, ne cessoit de répéter le monarque.

Il s'exprimoit du reste avec beaucoup de grâce, et montroit qu'il savoit apprécier les objets. Un gobelet de cristal lui plut mieux que tous les autres, par la beauté de son travail : voilà, dit-il, un verre dont je me servirai désormais à table.

Le surveillant des présens eut le privilége de les remettre en mains propres au monarque ; honneur qui seroit refusé au premier ministre. C'est une nouvelle preuve que ce prince n'a de fierté qu'autant que l'exigent impérieusement les mœurs de son pays.

Les fourrures de martre zibeline flattèrent beaucoup le schah ; il croyoit d'abord qu'elles étoient peintes ; cela n'est pas surprenant, puisque les fourrures de martre, que portent les principaux seigneurs de sa cour, sont d'une couleur rougeâtre. L'ambassadeur protesta que l'art n'étoit entré pour rien dans la couleur de ces pelleteries, et il ajouta que l'empereur Alexandre en avoit fait le choix de sa main. A ces mots, Feth-Ali-Schah porta la main avec empresse-

ment sur les fourrures, et dit : « Puisse ma main
» se reposer sur les mêmes endroits qu'a tou-
» chés le puissant empereur de Russie ! Mon
» amitié est pure et sincère ; elle durera tou-
» jours. »

Sa majesté revenoit volontiers vers la grande
glace ; elle s'y mesuroit des yeux avec complaisance, et disoit : « En vérité ceci me donnera
» de la coquetterie. » On fit jouer plusieurs fois
devant le prince l'horloge en forme d'éléphant,
et on lui en expliqua le mécanisme. Il donna de
grands éloges aux costumes des dames russes,
dont il avoit sous les yeux des échantillons.

Enfin le prince étoit si jaloux de posséder
tant de belles choses, qu'il envoya chercher tous
ses principaux officiers pour leur faire voir les
présens que son ami, le grand empereur de
Russie, venoit de lui envoyer. Il donna ordre à
son ministre d'expédier sans délai un courrier à
Téhéran, afin de réserver à ces présens, dans
son palais, une place particulière. Il ajouta : Si
ces objets parviennent en bon état dans ma capitale, une somme de mille tomans sera le prix
de la nouvelle qui m'en sera apportée ; mais,
s'il se perd la moindre chose, ceux qui auront
négligé leur devoir m'en répondront sur leur
tète.

La même nuit, le prince fit voir les présens à

toutes les femmes de son harem (il n'en avoit amené qu'une soixantaine avec lui). Le lendemain on commença à emballer tous les effets, pour les diriger sur Téhéran. Il invita les personnes de la légation, qui les avoient amenés de Pétersbourg, à vouloir bien les accompagner jusqu'à sa capitale. Chaque jour le prince demandoit si les dispositions étoient faites.

Lorsque tout fut prêt, ses astrologues lui jouèrent un assez mauvais tour; ce fut d'annoncer qu'il falloit attendre encore trois fois vingt-quatre heures une constellation favorable. Quand le jour fixé par leurs calculs arriva, ils exigèrent que les présens suivissent d'abord une route tout opposée à celle de Téhéran, parce qu'ils assuroient que les astres propices prenoient cette même direction.

Je fus témoin un matin d'un singulier passe-temps du souverain de la Perse : on avoit attaché un mouton vivant à une grande distance de son balcon; le monarque et ses fils prirent ce pauvre animal pour but de leurs flèches. Feth-Ali-Schah tire de l'arc avec beaucoup d'adresse ; il paroissoit prendre plaisir à y exercer un de ses plus jeunes fils, joli comme un ange.

Presque tous les jours le roi alloit à la chasse, et il envoyoit à l'ambassadeur quelques pièces de gibier tuées de sa propre main. On nous donnoit aussi une immense quantité de fruits, mais la plupart n'étoient pas mûrs.

Les Persans ont toujours de la glace pendant les plus fortes chaleurs de l'été, et cependant je n'ai point vu de glacières dans leur pays : Dieu sait comment ils s'y prennent pour la conserver (1).

Chaque soir nous faisions de la musique dans notre camp, et les Persans venoient l'écouter en foule; mais, comme leur musique jouoit en même temps, il en résultoit parfois une horrible cacophonie.

Presque tous les jours l'infanterie faisoit des manœuvres ; mais la précision n'en pouvoit être comparée à celle des troupes régulières de Tauris.

Les sentinelles qui veilloient autour de notre camp se remettoient réciproquement leurs fusils lorsqu'elles s'absentoient. Il n'étoit pas rare de voir un factionnaire assis avec trois ou quatre fusils à ses côtés. Quelquefois ces soldats abusoient de leur autorité contre ceux de leurs compatriotes qui , ignorant la défense , vouloient

----

(1) Il est étonnant que notre jeune voyageur, qui a lu et médité l'ouvrage de Chardin , n'y ait point remarqué la description des glacières persanes , tome IV de l'édition in-12 , d'Amsterdam , chapitre premier de la *Description générale de la Perse.*   (*Note du traducteur.*)

16.

pénétrer dans notre camp : non seulement ils les arrêtoient, mais ils les mettoient à contribution, et nous étions obligés d'intervenir pour empêcher des exactions odieuses. Il est vrai que le pauvre diable qui avoit enfreint la consigne restoit alors prisonnier toute la journée, ou jusqu'à ce qu'il plût à l'officier du poste de le relâcher.

Les zemboureks, petits canons montés sur les chameaux, sont un genre d'artillerie fort singulier. (*Voyez l'Estampe, pag.* 90.) Le chef qui les commandoit, et qui est un ancien colonel très-recommandable, en fit manœuvrer devant nous quelques centaines. Ces pièces sont si légères que les canonniers peuvent les transporter sur leurs épaules ; mais comme elles n'ont point d'affût, il faut les poser à terre, et tirer au hasard. Cette artillerie ne sert donc guère qu'à faire du bruit ; cependant le calibre en est assez fort, et pourroit occasionner beaucoup de ravages dans des rangs serrés. En perfectionnant un peu les zemboureks, on en tireroit un bon parti aux avant-postes. Le colonel nous assura cependant qu'avec sa petite artillerie il se faisoit fort de mettre une armée entière en déroute. Les canonniers sont vêtus comme des baladins ; ils ont un bonnet rouge garni de plumes.

Tombeau de Hassan Kaschi à Sultanieh.

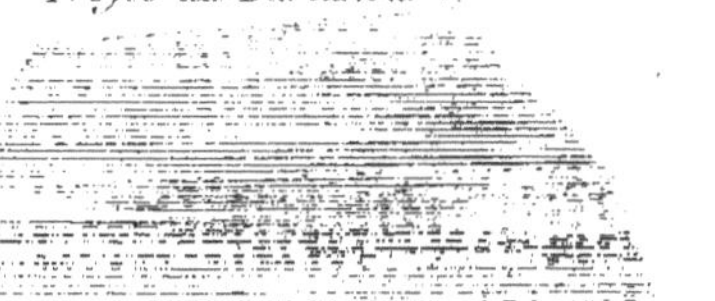

Profil du Darianour.

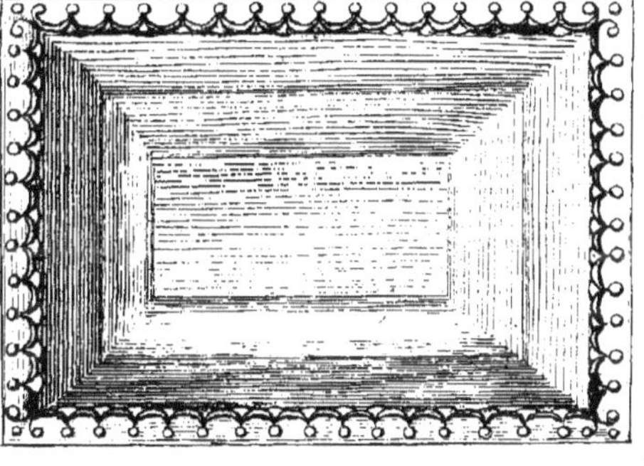

Diamant appelé Darianour, ou Mer de Lumière.

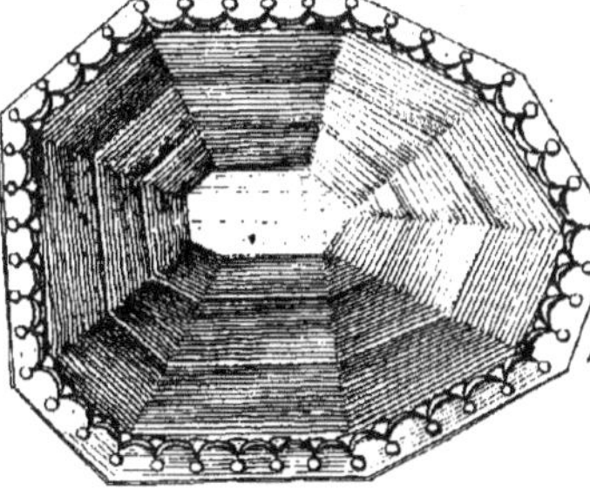

Diamant appelé Kouinour, ou Montagne resplendissante.

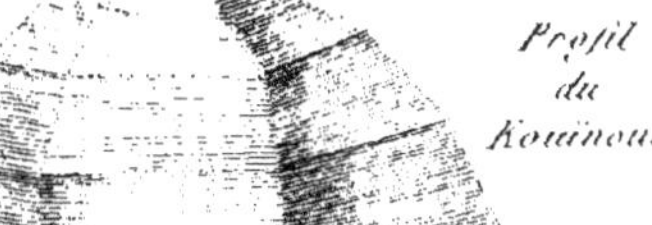

Profil du Kouinour.

Toute l'infanterie fit plusieurs fois devant nous l'exercice à feu, et exécuta parfaitement les feux de peloton.

La ville de Sultanieh étoit grande, riche et peuplée du temps de Chardin : il ne reste plus de ses ruines que trois mosquées, dont l'une se distingue par son étendue et sa beauté ; c'est une tour octogone surmontée d'une coupole qui passe pour un chef-d'œuvre d'architecture. Ce monument a quarante pas de largeur, et deux cents pieds de hauteur. Les murs intérieurs sont sculptés d'hiéroglyphes, et l'on y voit une multitude de cellules et de corridors. Il y avoit autrefois autour du dôme quatre petits minarets en forme de colonnes. Il n'en reste plus qu'un avec un escalier tournant dans l'intérieur ; quand on est arrivé en haut du minaret, on se trouve de niveau avec le sommet de la coupole.

Les autres ruines ne sont que de misérables amas de boue et d'argile, que l'infiltration des eaux pluviales a changés en masses informes ; on ne supposeroit jamais que ce sont les débris d'anciennes habitations.

A quelque distance de la mosquée est une petite place où l'on voit une haute et belle muraille. C'est la clôture d'un jardin au milieu duquel est le tombeau de Hassani - Koschi , l'un des saints de la légende mahométane. Ce bâtiment a été construit par ordre du schah actuel, qui s'y rend assez fréquemment pour faire seul ses prières pendant son séjour à Sultanieh. (*Voyez la planche en regard.*)

On ne trouve, au surplus, ici aucune trace de christianisme, quoi qu'en disent les Arméniens. Il est possible toutefois qu'il y ait des Arméniens à Sultanieh, car ils sont dispersés dans toute la Perse, et y jouent à peu près le même rôle que les Juifs en Europe.

CHAPITRE XXVI.

Nous attendions en vain quelques merveilles du fameux luxe asiatique. Les maisons à l'extérieur ne sont guère plus ornées que les tentes; et, en dedans, quelques beaux tapis en composent à peu près tout le mobilier. Les grands de l'Asie font consister presque tout leur faste dans leur habillement. Ils portent plusieurs beaux schalls de Cachemire, un sabre et un poignard, dont la riche garniture se transmet dans la même famille de père en fils; ils montent un cheval tout éclatant de harnois d'or; mais c'est là toute leur représentation extérieure; les valets qui entourent les ministres eux-mêmes sont quelquefois couverts de misérables haillons. Si l'on regarde comme le beau idéal de la vanité qu'un homme porte sur lui tout ce qu'il a de précieux, l'Orient est le pays du monde où l'on remarque le plus d'ostentation : mais qu'il y a loin de là à l'opulence de nos ameublemens d'Europe, à la magnificence des services d'argenterie et de vermeil, à l'élégance de nos équipages et de nos voitures! Voilà, selon moi, la véritable grandeur, et en Orient on ne s'en fait pas la plus légère idée. Nos préjugés sur la mollesse et le luxe de l'Asie viennent de ce que, dès la plus haute antiquité, les Orientaux vivoient à peu près comme aujourd'hui, et n'ont pas changé de méthode, tandis que l'Europe entière languissoit alors dans la Barbarie.

Le roi de Perse possède un trésor d'une valeur inestimable, mais à l'arrangement duquel aucun goût n'a présidé. Quelques seigneurs jouissent de grands biens; mais les autres sont d'une pauvreté extrême. Il n'en sauroit être autrement; car, en Perse, on ne place point d'argent à intérêt; on n'a pas de rentes, et les profits du change commercial sont absolument inconnus. Ni les lois fondamentales du pays, ni les sentimens qu'on a sur la délicatesse, ne permettroient l'établissement de banques particulières. Le prêt à intérêt est regardé comme une usure; il en résulte que les riches entassent leur or, et n'y puisent qu'à mesure de leurs besoins. S'ils vivent plus long-temps qu'ils ne l'avoient compté, ils dissipent peu à peu leur capital, et tombent dans une affreuse misère.

La crainte d'être réduits à une pareille extrémité rend les Persans avares à l'excès. Ceux qui reçoivent une forte somme en argent comptant ne l'entament que dans le cas d'une nécessité absolue. Les ministres thésaurisent le plus qu'ils peuvent, parce qu'ils ignorent combien de temps ils resteront en place. Le souverain lui-même laisse dormir dans ses coffres des capitaux énormes, parce que si la guerre éclatoit, il ne sauroit comment s'y prendre pour trouver de l'argent. Il n'auroit pas, comme les puissances européennes, les inappréciables ressources du crédit.

La civilisation a heureusement fait plus de progrès en Russie. Nos compatriotes, mieux avisés, connoissent fort bien l'intérêt de l'argent, et les préjugés religieux ne les empêchent pas de vivre à leur aise.

On se feroit encore une singulière idée des Persans, si l'on croyoit, d'après quelques voyageurs, qu'ils sont obligés de faire cadeau à un étranger de tous les objets que celui-ci a seulement touchés. Ce prétendu désintéressement n'est qu'une marque de politesse qu'on ne sauroit interpréter à la lettre. Quand votre hôte vous dit que toute sa maison vous appartient, il faut se garder de le prendre au mot; c'est à peu près comme cette formule que nous écrivons au bas d'une lettre, *votre très-humble et très-obéissant serviteur*, sans avoir la moindre intention ni d'humilité ni d'obéissance, ni quelquefois même de rendre le plus léger service.

En effet, il arrive souvent que les Persans

vous offrent les objets auxquels vous avez donné des éloges ; mais ils n'abandonnent ainsi que des choses dont ils peuvent se passer , et encore avec l'espoir que vous leur rendrez leur politesse au double. C'est la coutume chez eux que l'on récompense généreusement les moindres services. Si vous avez le malheur qu'on vous envoie une fleur, un fruit, une simple pomme , il faut payer ces cadeaux au poids de l'or. Les Européens qui voyagent en Perse , se ruinent en présens; l'ambassade dépensoit chaque jour des sommes immenses, rien qu'en gratifications à des valets.

Le schah avoit eu jusqu'alors la coutume de faire remettre chaque jour une certaine somme à tous les Européens qui se rendoient à sa cour. Cet argent est censé destiné à payer les dépenses des bains, et il en porte la dénomination. Le général Iermoloff est le premier qui ait refusé cette rétribution ; il a déclaré que , chez nous, on ne pouvoit recevoir de gratifications pécuniaires que de son propre monarque. Pendant long-temps les Persans ne purent concevoir que nous missions de la différence entre des cadeaux en nature et des rétributions en espèces. Les officiers du gouvernement, qui préféroient l'or à toutes choses , se plaignirent de l'innovation introduite par le scrupule des Russes.

Les négociations se suivoient avec rapidité. L'ambassadeur avoit des entrevues fréquentes avec le schah et son ministre; il plaisoit si fort au roi, que ce prince vouloit absolument le retenir à sa cour, et le pressoit d'en demander la permission à l'empereur de Russie.

Un jour que le général se rendit au château, je me trouvai de service pour l'accompagner. On avoit dressé sur la grande terrasse une tente pour l'ambassadeur. Le premier ministre et l'adjudant-général Alajar-Khan vinrent l'y recevoir. Dans le même temps, le schah parut sur son trône : l'adjudant-général mena l'ambassadeur dans la salle d'audience. Je restai avec le premier ministre sous la tente, où il me fit l'honneur de me faire asseoir. Sur ces entrefaites, plusieurs milliers de Courdes se présentèrent devant le château. On les appela tous devant le schah l'un après l'autre : après avoir fait une inclination profonde, ils alloient au galop reprendre leur rang.

Le ministre me demanda ce que j'estimois dans la cavalerie; je répondis que je l'appréciois selon les services qu'elle étoit dans le cas de rendre. « Vous avez raison, reprit-il; mais nos » gens ne sont point accoutumés, comme vos » Européens, à charger tous ensemble : nous » attachons beaucoup de prix au courage indi-

» viduel ; il n'y a pas de mérite chez vous à être
» brave ; il faut bien se laisser emporter malgré
» soi par l'exemple, par la discipline. » Je ne
voulus pas contrarier son excellence ; mais je
cherchai à lui démontrer l'avantage d'attaquer
en ordre de bataille. « Au moins, répondit-il,
» vous autres Européens, vous savez perfec-
» tionner et améliorer ; mais les Turcs conser-
» veront toujours leurs amples culottes. »

Il n'y a point de peuple plus méprisable que
les Turcs, aux yeux des Persans. Le schah lui-
même dit quelquefois : C'est assez d'être Turc,
pour n'être rien du tout. Le ministre m'a raconté un beau fait d'armes de ses compatriotes
contre les Turcs ; mais Dieu seul peut savoir
quand cela est arrivé. Il prétend qu'à une certaine rencontre, un corps de cinq cents cavaliers
persans a taillé en pièces plusieurs milliers d'os-
manlis.

Après la revue, un des écuyers du roi parut
sur un cheval non dompté, et il exécuta des tours
d'équilibre. Son cheval ne couroit point au
galop mesuré, comme ceux des Astley et des
Franconi ; mais il couroit librement çà et là, et
faisoit des bonds aussi prodigieux qu'irréguliers.
L'habile écuyer, sans être déconcerté par ses
mouvemens inopinés, se suspendoit tantôt par
le pied droit, tantôt par le pied gauche, la tête

et les mains tournées vers la terre. Tout à coup, il se remettoit en selle, et exécutoit d'autres exercices terribles à voir; car, à chaque instant, on croyoit qu'il alloit tomber et périr. Le ministre me demanda si ces tours d'équitation me plaisoient. Je lui répondis, sans compliment, que je n'avois encore rien vu de pareil, et que le Franconi de Pétersbourg, le sieur Chiarini, n'étoit auprès de cet homme qu'un écolier. Cependant, répliqua le ministre, vous ne voyez pas notre plus habile écuyer; nous en avons un plus fort, mais qui est malheureusement indisposé; je fis semblant de le croire, mais j'appris quelque temps après que l'écuyer que j'avois vu étoit le seul et unique en son espèce.

L'ambassadeur étant sorti de l'audience, nous allâmes voir le fils aîné du schah Mahmet-Ali-Mirza, qui nous fit l'accueil le plus gracieux.

Parmi les troupes qui environnoient le château, il y eut deux soldats qui se prirent subitement de querelle, et tournèrent l'un contre l'autre leur poignard. Une telle faute contre la discipline est punie de mort par les lois du pays; mais le roi fit amener les coupables devant lui, et leur dit : « Rendez grâce à l'ambassadeur russe ; je ne » veux pas souiller, par l'effusion du sang, une » journée consacrée à la joie. » Cet acte de clémence ne sauroit être trop loué de la part d'un despote qui, pour le moindre délit, fait infliger sur-le-champ en sa présence, la mort ou les tourmens les plus barbares.

Le premier ministre invita toute l'ambassade à dîner, et nous nous rendîmes chez lui vers cinq heures du soir. On avoit apporté des chaises pour nous, et bientôt on nous servit du thé, des flacons d'eau de rose et des kalliouns. Les domestiques, suivant la coutume des Persans, se tenoient autour de nous à ne rien faire.

Nous passâmes ensuite dans une autre tente, au milieu de laquelle on avoit élevé un petit tertre pour servir de table à manger. Cette élévation étoit tellement couverte de plats, qu'on voyoit à peine la figure des convives placés en face de soi ; une multitude de mets et de fruits en occupoit tout l'espace qui étoit immense.

On avoit laissé au milieu un passage étroit, dont j'eus d'abord de la peine à concevoir l'objet ; mais, lorsque nous eûmes pris nos places, je vis les domestiques sauter légèrement sur la table, et parcourir avec rapidité cette espèce de sentier, en nous offrant les mets qui pouvoient nous être agréables. Cette manière de faire les honneurs d'une table étoit vraiment risible, et nous eûmes beaucoup de peine à nous tenir dans les bornes du respect. Un incident imprévu nous força enfin de sortir de notre gravité. Un des

valets mit, par mégarde, le pied dans une énorme
jatte remplie de petit lait, et son camarade, qui
voulut le secourir, faillit tomber lui-même sur
une pile de rôtis. Une scène aussi comique nous
fit éclater de rire ; heureusement l'ambassadeur
s'entretenoit en ce moment avec le ministre
d'une chose assez plaisante, et nous nous mîmes
à notre aise, sans que l'on sût ce qui excitoit
notre bruyante gaîté.

Le domestique maladroit continua sa route
dans l'intervalle que laissoient les plats, mais en
imprimant partout sur la nappe des traces du
bain de pied qu'il venoit de prendre. Les valets,
outre cette besogne périlleuse, étoient occupés
à chasser les mouches avec de grands éventails
de paille.

Quoique nous fussions à la table du premier
ministre, les fruits étoient d'une qualité au-
dessous du médiocre, et je perdis tout espoir de
manger de bons fruits en Perse.

Son excellence daigna envoyer à plusieurs
convives des mets de sa propre assiette, et c'est
une des plus grandes marques d'honneur que
l'on accorde en ce pays. Qu'on se rappelle que
les Persans portent les mets à leur bouche sans
cuillers ni fourchettes, et l'on se fera une idée
du malheur d'un pauvre diable d'Européen, à
qui le maître du logis porte assez d'affection

pour lui envoyer une masse de riz bouilli , que celui-ci a délicatement pétrie avec ses trois doigts.

Lorsque nous sortîmes de table , on nous apporta de l'eau pour nous laver les mains , et nous rentrâmes sous la première tente, où l'on nous servit des pipes et du café. Le banquet se termina ainsi…, au moins pour nous ; car la valetaille, rassemblée autour de la salle à manger, au nombre d'une centaine d'individus, se jeta avec gloutonnerie sur les reliefs du festin.

Le lendemain nous dînâmes chez le Nizam-Out-Doulet, qui est le grand trésorier du royaume, gouverneur d'Ispahan , et l'un des plus riches particuliers du pays. Il y avoit sur la table de la vaisselle d'or, et l'on nous offrit du vin d'Ispahan. Quant au fameux vin de Schiras, il est, en Perse même, d'une cherté excessive ; et je souhaite beaucoup de plaisir à nos gourmets qui s'imaginent en boire sous ce nom.

L'ambassadeur rendit ce dîner par un grand festin, auquel il invita les principaux seigneurs. Notre camp fut illuminé avec magnificence. Nos convives étoient tous assis à table, et nous en fîmes nous-mêmes les honneurs, ce qui leur plut infiniment. Le premier ministre, un peu honteux peut-être de la mésaventure d'un de ses valets , parut enchanté de notre manière

d'arranger les plats, et il nous assura qu'il in-
troduiroit cette méthode dans son palais de
Téhéran. Notre musique exécuta un concert,
et, pendant toute la nuit, les soldats persans
restèrent sur pied pour l'écouter. Le schah
daigna envoyer de son harem quantité de fruits,
et fit faire à l'ambassadeur les plus gracieux
complimens.

CHAPITRE XXVII.

Quelques jours après, le roi fit tirer devant nous un feu d'artifice. A quatre heures du soir, toutes les troupes se rassemblèrent autour du château, sans en excepter les petites pièces d'artillerie, qui, au lieu d'être montées sur le dos des chameaux, étoient portées par les canonniers eux-mêmes. Le roi, ayant entendu notre musique, demanda qu'on la fît entrer au château. L'ambassadeur alla le trouver dans la salle d'audience, et nous restâmes tous sur la grande terrasse. On avoit formé deux orchestres, l'un russe, l'autre persan, qui jouoient tour à tour, et faisoient le concert le plus disparate. De jeunes garçons exécutèrent des danses aux sons des deux musiques. Nous vîmes aussi reparoître les deux *acrobates*, qui firent des merveilles sur la corde.

A quelque distance étoient les préparatifs du feu d'artifice, qui occupoient un quart de lieue en carré. On remarquoit au milieu l'énorme figure du géant Roustan, deux éléphans, diverses pyramides, des arbres chargés de fruits, avec une multitude immense de cascades, de feux de Bengale et de fusées volantes. Aux quatre angles du carré étoient de petits canons ; et, pour faire encore plus de bruit, on avoit placé en réserve une batterie de grosses pièces. Le centre étoit occupé par un immense bouquet de fusées volantes. Le roi, fort satisfait des musiciens russes, leur donna de grands éloges; après quoi, il rentra dans son harem, en laissant à son premier visir et à l'adjudant-général le soin de présider à la fête.

On nous apporta des fruits, du thé et des kalliouns, tandis que la musique persane exécutoit ses discordantes symphonies, et que les danseurs faisoient toutes sortes de gambades. Tout ce tapage dura jusqu'à la nuit ; ce fut alors que de grandes fusées volantes, tirées dans le lointain, donnèrent le signal du feu. L'artillerie tira peu de coups; mais, en revanche, nous fûmes éblouis par les soleils tournans et les cascades d'artifices. L'intervalle qu'on laissa entre les pièces n'étoit pas conforme au goût des Persans. Dans leurs feux d'artifice, ils aiment à tirer tout à la fois. Enfin, la grande girande partit, au bruit d'une effroyable décharge d'artillerie ; et j'avoue que le coup d'œil en fut superbe : le seul malheur, c'est que cela ne duroit pas assez long-temps. Le ciel étoit embrasé de mille feux, et la terre trembloit sous nos pas. Tout ce volcan artificiel s'exhala en des millions de flammèches, qui retomboient majestueusement sur la terre.

CHAPITRE XXVIII.

Le peintre de l'ambassade avoit exécuté de mémoire, et assez fidèlement, le cérémonial de la première audience. Je fis hommage de son tableau au ministre Abdoul-Wehab. Ce ministre le montra au roi, qui témoigna aussitôt le désir de se faire peindre, et manda près de lui l'artiste russe. Le schah lui fit voir deux portraits qu'il jugeoit admirables, et il le pria de faire un tableau tout pareil. En cela, il n'avoit pas tort, car on l'avoit beaucoup flatté.

Au surplus, le roi de Perse fit en cette occasion une dérogation inouïe à l'étiquette ; il monta sur son trône, posa devant le peintre, et lui dit : « Vous ferez deux copies de mon portrait : l'une » sera pour moi ; j'enverrai l'autre en Europe. » Notre artiste étoit le premier mortel qui eût vu le schah de si près, et qui fût assis en sa présence.

Le prince demanda à voir faire l'exercice à nos grenadiers, et on lui accorda ce plaisir. Il donna des éloges à la précision des manœuvres et à l'avantage de notre costume militaire; puis il renvoya nos soldats avec une petite gratification.

Un jour, le schah monta à cheval pour aller à la chasse, et il chargea son adjudant-général de nous faire voir tout ce qu'il y avoit de précieux dans son palais. On commença par nous offrir quelques rafraîchissemens; et, pendant ce temps, la musique persane nous donna un concert. On nous fit ensuite entrer dans la chambre du trésor. Nous y vîmes le trône, qui est d'or, et tout couvert de grosses pierreries; un superbe tapis enrichi de perles, avec les coussins qui en dépendoient, et le kallioun royal, tout parsemé de gros brillans. Il y avoit sur un tapis de cachemire deux couronnes et un turban, ornés d'une guirlande de diamans. On nous montra quatre poignards, dont l'un avoit le manche formé d'une seule émeraude; deux sabres, une ceinture éblouissante de diamans; un cordon de perles du plus beau choix, et non moins remarquables par leur grosseur que par leur belle eau; beaucoup d'autres cordons moins riches; le fameux bouclier dont j'ai déjà parlé; une agrafe de diamans et trois vêtemens complets, tout brodés de brillans et de perles. Cela n'étoit rien en comparaison de deux bracelets sur lesquels brilloient deux solitaires énormes, dont j'ai mesuré avec soin la longueur et la hauteur. On en trouvera la fidèle représentation dans l'estampe ci-jointe.(*Voyez la 2ᵉ division de la Planche, p.246.*)

L'un de ces diamans s'appelle *le dariainour*, c'est-à-dire, la mer de lumière ; et l'autre *le kouinour*, la montagne de lumière.

J'en donne ci-dessous le poids, d'après ce que nous a assuré le grand-trésorier de la couronne ; mais je n'ai pas été à portée de le vérifier. Quant à la grosseur et à la figure de ces brillans, elle est exacte (1). L'estampe, jointe à cette relation, ne sera pas sans intérêt; car, jusqu'à présent, le roi de Perse n'a laissé voir son trésor à aucun Européen. Les pierres sont en outre d'une eau extraordinairement belle.

La vue de tant de richesses me fit faire des réflexions sur les voies impénétrables de la Providence. Que de millions de familles seroient heureuses de partager entre elles des trésors qui

____

(1) M. Maurice Kotzebuë évalue ces magnifiques superfluités en drachmes de 72 grains, poids usité dans la pharmacie. J'y ai ajouté l'énonciation des poids en karats, à raison de 4 grains chaque : c'est le seul mode d'évaluation admis par les diamantaires.

Le *dariainour* pèse 14 drachmes (259 karats).

Le *kouinour* pèse 9 drachmes 20 grains (164 kar. 2 grains).

Le fameux diamant du Grand-Mogol, que Tavernier dit avoir eu la permission de peser, et dont il donne une figure très-différente de celles du *dariainour* et du *kouinour*, pesoit 279 karats 9/16. Tavernier ajoute que ce même diamant étant brut, étoit du poids de 793 karats.

(*Note du traducteur.*)

sont resserrés dans un cabinet étroit, en la possession d'un seul homme, et sans aucune espèce d'utilité pour lui-même! On assure que ces diamans ont appartenu au Grand-Mogol, et que Nadir-Schah les a trouvés à Delhi. Le même conquérant a aussi apporté de cette ville le trône du Mogol. On lui a donné la figure d'un paon; et il repose sur une estrade d'or massif, formée de trois degrés. Ce trône et beaucoup d'autres objets précieux se trouvent à Téhéran. Le travail en est grossier, sans goût, et ses ornemens consistent en une multitude de petites fleurs d'émail.

L'adjudant-général, qui nous fit voir ces merveilles, remit à l'ambassadeur, au nom du roi, deux de ses portraits de grandeur naturelle. Le souverain est représenté, dans l'un, assis sur son trône; dans l'autre, il est accroupi sur un tapis superbe. La peinture n'en est pas mauvaise; les couleurs sont éclatantes : l'exactitude des habits et de leurs ornemens est portée jusqu'aux plus minutieux détails; c'est en cela surtout qu'on voit exceller les peintures de l'Asie.

Dans les arts du dessin, les Persans ne sont pas plus avancés que les Chinois. Les uns et les autres aiment singulièrement les bigarrures. Mais quand je parle des artistes chinois, je ne dois pas y comprendre ceux de Canton, qui, pour gagner l'argent des Européens, rivalisent d'habileté avec nos peintres, et font de vrais chefs-d'œuvre. J'ai particulièrement admiré à Canton le portrait d'une beauté célèbre, celui de Mme Récamier, peint sur glace avec un art surprenant. Dans cette ville éminemment commerçante, on ne néglige rien pour se conformer au goût d'Europe, et remplir les commandes qui sont faites. J'ai vu, entre autres beaux ouvrages, des tablettes en nacre de perle pour indiquer les paiemens au boston.

Chez les Persans, on rend au portrait d'un grand seigneur, surtout à l'image du monarque, les mêmes honneurs qu'à l'original. Ainsi, le général ayant fait transporter chez lui les deux portraits en grande cérémonie, ils reçurent des gardes et du peuple des marques de respect tout aussi profondes que si le schah eût passé en personne.

CHAPITRE XXIX.

L'AMBASSADEUR termina ses négociations avec autant de zèle que de bonheur, et l'on peut dire sans flatterie qu'il en eut personnellement la gloire. Le traité d'amitié entre les deux puissances fut conclu et signé le 27 août, et l'après-midi de ce jour même fut fixée pour l'audience de congé.

On ne laisse jamais partir qui que ce soit de ce pays sans lui faire de cadeau. Le roi de Perse a coutume de donner aux ambassadeurs, ou aux personnages importans qui viennent le visiter, des kalats ou habits d'honneur, avec lesquels il est de rigueur de se présenter devant lui à la dernière audience (1).

Jusqu'alors les ambassadeurs étrangers s'étoient sans murmure soumis à ce cérémonial (2); mais le général déclara positivement qu'un

---

(1) Cet habit, que le roi de Perse donne aux seigneurs de sa cour, est de brocard et en forme de robe de chambre. On doit se prosterner après l'avoir reçu.

(2) L'ambassadeur français, M. le général Gardanne, s'y est refusé, et c'est son exemple qui a été allégué par le général Iermoloff pour déroger à l'antique coutume.

(Note du traducteur.)

Russe offenseroit son souverain s'il portoit un autre vêtement quelconque par-dessus l'uniforme qui lui a été accordé. Le roi agréa cette excuse, et fit en notre faveur cette première et peut-être cette dernière dérogation à l'étiquette ; mais il ne nous envoya pas les kalats tout faits ; il nous fit seulement remettre les pièces d'étoffe nécessaires à leur fabrication.

A onze heures du matin, nous nous rendîmes tous dans la salle d'audience pour recevoir les présens royaux ; c'étoient de grandes pièces d'étoffes qu'on apporta du château avec une cérémonieuse lenteur. Quelques uns des principaux khans marchoient en tête du cortége. Les porteurs les suivoient à la file, et tenoient par-dessus leur tête les présens sur des plateaux vernis et recouverts d'une toile blanche.

Le peuple se prosterne avec vénération devant tout ce qui vient de son souverain. Plusieurs d'entre nous firent quelques pas pour aller recevoir les présens à moitié chemin, et l'on déposa tous les plateaux sur un tapis.

Un des seigneurs dit au général que le schah envoyoit tous ces présens à l'ambassade entière, comme preuve de sa satisfaction et comme marque de souvenir. Il y avoit sur chaque plateau une étiquette indiquant la nature des objets, et le nom de la personne à laquelle ils étoient destinés. L'ambassadeur reçut, en outre de sa part, la décoration de première classe de l'ordre du *Soleil* et du *Lion*. Plusieurs d'entre nous reçurent la décoration de la seconde classe, et d'autres la décoration de la troisième.

Au reste, les cadeaux n'avoient rien de merveilleux : à l'exception des deux conseillers d'ambassade, qui furent un peu mieux traités, chacun de nous n'obtint rien de plus qu'un schall et deux pièces de brocard. Les schalls étoient pour la plupart percés de trous, et couverts de reprises. Je voudrois bien que sa majesté persane fût avertie de la fourberie des gens de sa maison, qui font passer un schall par quatre ou cinq mains peut-être avant qu'il arrive à l'heureux mortel qui doit conserver un si précieux souvenir.

A cinq heures du soir, nous fûmes conduits à la salle d'audience, avec nos nouvelles décorations, dans le même ordre que le jour de la première cérémonie. Les formalités de l'introduction furent les mêmes. Le schah nous fit toutes sortes d'amitiés, et nous assura avec son affabilité ordinaire qu'il étoit enchanté de nous, et que, par notre conduite exemplaire, nous nous étions acquis des droits éternels à l'estime de tous les Persans. Il ajouta que jusqu'alors il s'étoit fait une tout autre idée des Russes. « En

» vérité, dit-il plusieurs fois, jusqu'à présent
» je connoissois mal mes chers voisins. »

L'ambassadeur répondit qu'il n'étoit aucun
de nous qui ne sût apprécier les bontés de sa
majesté, et que la cordialité avec laquelle le
schah avoit reçu les envoyés d'un si grand monarque seroit à jamais gravée dans nos cœurs
reconnoissans. « Je le souhaite fort, répondit
» sa majesté; nous sommes maintenant amis
» pour toujours. Vous êtes les premiers qui
» ayez tout-à-fait gagné mon cœur, et je dois
» d'autant plus vous savoir gré de votre visite,
» que le trajet a dû être moins long encore que
» pénible. Je désire sincèrement que mon grand
» ami, votre empereur, vous accorde les récom-
» penses que vous avez si bien méritées. Toi,
» ajouta-t-il, en se tournant vers le général, tu
» m'as singulièrement plu, et je veux te charger
» d'une commission; c'est de m'envoyer de
» Pétersbourg une paire de grands lustres en
» cristal ciselé. »

Le souverain remit ensuite de sa propre main
au général une lettre d'amitié pour l'empereur
Alexandre. Il étoit fort ému, et le général par-
tageoit son attendrissement. Sa Majesté daigna
dire plusieurs fois à son premier ministre que
le chef de l'ambassade lui paroissoit un homme
extrêmement sensible.

Il y avoit quelques intervalles de silence pendant lesquels le roi sembla faire un effort sur lui-même ; il reprit enfin la parole, et dit : « En » vérité, je n'ai pas la force de vous faire mes » adieux. » A ces mots, l'ambassadeur se leva, et se mit en devoir de se retirer. Le schah lui cria plusieurs fois : *Kotschkeldi! koschamedi!* et il ne cessa de réitérer ces paroles amicales jusqu'à ce que nous fussions arrivés à la porte près de l'huissier porteur du bâton d'argent.

L'adjudant-général s'approcha alors de l'ambassadeur, et lui dit que c'étoit la coutume, en se retirant de la présence du souverain, de solliciter une grâce. Le général demanda en conséquence la promotion à la dignité de khans de Nasar-Ali-Beck et de Mehmet-Ali-Beck. Le schah répondit gracieusement qu'il n'auroit peut-être pas jugé à propos d'accorder une pareille faveur à ses officiers, mais qu'il ne pouvoit rien refuser à l'ambassadeur de Russie.

Le lendemain matin, les deux officiers, décorés de leur dignité nouvelle, vinrent en remercier le général. Le premier avoit certainement mérité cette récompense par ses services ; le dernier avoit déjà obtenu à Pétersbourg des marques de satisfaction de l'empereur Alexandre.

Je n'ai plus aucune chose à dire du roi de Perse ; il est, dans ma conviction intime, l'homme le plus aimable et le plus modéré de toute sa nation. Je ne m'étonne plus qu'après tant de troubles qui ont désolé son pays, il soit depuis vingt ans en possession paisible du trône.

On nous délivra de plus des espèces de certificats appelés firmans, qui sont regardés comme un ordre de protection, émané directement du souverain.

Mes lecteurs se souviennent du ministre Abdoul-Wehab, avec qui j'eus un entretien sur l'astronomie, et qui m'avoit prié de lui écrire un cahier divisé en deux parties, sur les astres. Ce ministre est une espèce de secrétaire d'Etat, chargé de l'expédition des principales affaires : ce fut lui qui rédigea nos firmans ; tous, à l'exception de celui réservé à l'ambassadeur, étoient conçus dans les mêmes termes. Le ministre ne fut pas fâché d'y faire valoir ses connoissances en astronomie et en mathématiques. Voici la traduction de cette pièce, dont je laisse à mes lecteurs le soin d'approfondir toutes les beautés :

AU NOM DU DIEU SAINT.

(Ici se trouve un grand sceau, dans lequel ces mots sont écrits : FORCE DE LA PROVIDENCE ; ceci est le sceau du siècle et du règne de Feth-Ali-Schah.)

« Le souverain ressemble à la divinité ; voici ses ordres suprêmes.

» Depuis le jour où l'architecte de l'univers a, dans sa providence, fixé la situation et les fondemens de cet empire, il en a profondément marqué les contours sur la carte de sa volonté éternelle, et a élevé jusque dans l'immensité de l'espace les fermes colonnes qui doivent le soutenir à jamais. Il a tracé ainsi les limites de notre bonheur éternel, et l'a assis sur des bases inébranlables, en le faisant briller du plus vif éclat de la puissance. Notre ferme volonté et notre bon plaisir sont de nous unir avec les autres royaumes, pour assurer d'autant mieux la prospérité du nôtre. Gloire à jamais à une telle entreprise.

» A cette heureuse époque, l'éternel empire de Russie vient de contracter des liens intimes avec notre heureux et florissant empire. De même que les astres, emblèmes de ces deux puissans états, sont actuellement en conjonction (1), puisse notre amitié être inaltérable et à l'épreuve! Nous avons donc résolu au fond de notre cœur bienveillant, d'accorder des témoignages d'honneur à chacun de ceux qui, vivant sous l'ombrage de cet empire voisin, ont

---

(1) C'est une allusion à ce que j'avois dit au ministre sur la présence de la planète de Jupiter dans la constellation du Scorpion.

mis un zèle louable à servir les intérêts des deux pays. Nous voulons qu'une marque éclatante de la faveur de notre monarque les couvre de gloire.

» A ces causes et en souvenir des négociations entreprises près de notre cour, à la satisfaction des deux puissances, par le haut et puissant, distingué entre tous ses égaux, plein de prudence, de fermeté, de pénétration et de bravoure, confident de la cour impériale, honoré des ordres et des bienfaits de l'empereur Alexandre, couvert des rubans de la gloire et de la puissance, conducteur des troupes au champ de l'honneur, le lieutenant-général Iermoloff, grand-commandeur et ambassadeur du célèbre empire russe, lequel égale Jupiter en intelligence, et Mercure, en finesse, nous avons jugé à propos d'illustrer chacun de ceux qui l'ont accompagné, en leur accordant l'Ordre de cet empire (1).

» De ce nombre est le louable, estimable, prudent et savant entre tous les chrétiens, Kotzebuë, capitaine du génie. Enfermé dans le cercle de ses devoirs, on ne le verra jamais au service de deux puissances, élever la tête de l'obéissance

---

(1) L'ordre du Soleil et du Lion, dont le grand-cordon est couleur de feu et se porte en écharpe, comme celui des ordres de l'Europe.   (*Note du traducteur.*)

dessus du sol de la subordination ; et, dans la base de l'amitié entre les deux éternels empires, on ne le verra jamais franchir d'un seul point la ligne du zèle. Que ses belles actions soient sans nombre, et que par ses talens il excelle dans les arts et dans les sciences. Que son imagination parcoure le monde, et que l'astre de sa fidélité s'élève aux plus hautes régions.

» C'est pourquoi, et pour sa plus grande glorification, nous lui accordons la décoration en diamans de l'Ordre du Soleil et du Lion. Que cet emblème des bons et fidèles services rendus par les Persans l'engage à travailler sans relâche au bonheur des deux pays, et surtout à maintenir entre eux une inaltérable amitié.

» Il est ordonné par ces présentes à tous les honorables, estimables et heureux annalistes de ma haute chancellerie, d'inscrire et de constater la concession de cet Ordre.

» Donné au mois Nivala, l'an 1232 de l'hégyre. »

Signe en l'original : MIRZA-IEFFI, *premier ministre ;* ABDOUL-WEHAB, FIRIDOUN, MOHAMED-HUSSEIN, MOHAMED-SEKI, MERIA, SINOUL-ABÉDINA, IASDOUL-LACHA, MUSSA-IBNI-KIAGINA, NIZAM-OUT-DOULET, MERSOUMA.

» Traduit du persan en langue russe, par le conseiller d'ambassade, conseiller ordinaire et chevalier Negri (1). »

---

(1) M. Maurice Kotzebuë prévient la personne qui voudroit traduire son ouvrage en langue russe, qu'elle s'exposeroit à altérer le sens de l'original si elle cherchoit à remettre en russe ce diplôme d'après sa version allemande : il offre, en conséquence, de communiquer la copie qu'il a entre ses mains. J'ai besoin de solliciter beaucoup d'indulgence pour mon interprétation française, et j'avoue que j'y aurois renoncé, si la rédaction d'une telle pièce n'eût été curieuse sous plusieurs rapports. On s'étonne, par exemple, de voir comparer un ambassadeur à Jupiter et à Mercure, dans un acte officiel émané de sectateurs d'Hali.

(*Note du traducteur.*)

CHAPITRE XXX.

LE dernier jour de notre résidence à Sultanieh se passa en visites réciproques entre l'ambassadeur et les ministres : tous assurèrent au général qu'ils n'avoient pas été moins satisfaits que le schah lui-même de la délicatesse de ses procédés , et que son absence alloit occasionner une désolation universelle. Le premier ministre prouva même qu'il versoit encore des larmes.

La vérité est que , comme le plus riche particulier de la Perse , le visir avoit été forcé par son souverain de défrayer l'ambassade pendant tout le temps de notre séjour à Sultanieh , et qu'il devoit être fort content de se voir débarrassé d'hôtes aussi dispendieux.

Toutes les fois que le roi de Perse est offusqué des richesses d'un de ses sujets, il a un moyen commode de lui faire rendre gorge , et même de le réduire à la mendicité. Il n'est pas besoin pour cela qu'il le charge de nourrir tous les membres d'une légation. Il suffit qu'il lui envoie chaque jour un plat de sa table ; et pour cet honneur le riche particulier est obligé de payer au moins mille ducats au grand-maître de la maison du roi. Pour peu que cette distinction dure quelques semaines, le seigneur est bientôt ruiné. Si le schah trouve que l'expédient ne réussit pas assez tôt, il s'invite lui-même sans façon à dîner chez le pauvre homme, et alors celui-ci se trouve absolument sans ressources.

Pendant toute la durée de notre séjour à Sultanieh, le temps resta le même. Un vent, d'une violence extrême, souffloit régulièrement du matin jusqu'au soir; les nuits étoient très-froides; le thermomètre ne s'élevoit guère à plus d'un demi-degré, et parfois il descendoit à zéro. Pendant le jour on éprouvoit dix-neuf degrés de chaleur.

Dans l'après-midi du 14 août, il tomba beaucoup de grêle : les grêlons étoient de la grosseur d'une noix; et comme il en tomba pendant un quart d'heure, toute la plaine en fut couverte à perte de vue. Cette circonstance et la fraîcheur des nuits par 36 degrés de latitude, prouvent que Sultanieh est fort élevé au-dessus du niveau de la mer.

L'hiver doit y être assez rigoureux : quelle différence de ce climat avec celui de Samanarchié, bien qu'il n'existe que trois à quatre lieues de distance, et que le dernier pays soit plus au nord !

Les animaux venimeux ne sont pas ici d'un

grand danger. Deux de nos compagnons, ayant été piqués par des scorpions, en furent quittes pour une légère ampoule qui se dissipa promptement.

Un de nos musiciens mourut d'apoplexie : c'est un des quatre hommes que nous ayons perdus pendant ce voyage.

Le climat de Sultanieh doit être des plus salubres : personne de nous n'a eu la fièvre, ou du moins nous n'en avons éprouvé que de légers accès de peu de durée. En un mot nous n'eûmes à nous plaindre que de la poussière qui pénétroit jusque sous nos tentes, et contre laquelle il n'y avoit pas d'abri.

Le 29 du mois d'août, l'ambassade quitta le camp de Sultanieh, et nous arrivâmes le même soir à la ville de Sangan. L'ambassadeur y passa toute la journée du 30, afin de célébrer la fête de notre empereur. Il y eut illumination et concert ; toute la population s'amassa autour de nous, et nous fêta comme si nous eussions été d'anciennes connoissances. On savoit que le roi de Perse nous avoit parfaitement reçus, et qu'un traité d'amitié venoit d'être conclu entre les deux nations.

Le 9 septembre, nous fûmes de retour à Tauris. Le gouverneur militaire et les Anglais vinrent au-devant de la légation. M. Withlock

et M. Campbell étoient déjà arrivés de Sultanieh, et s'étoient réunis à leurs compatriotes.

Avant de repasser les montagnes, il y avoit
quelques arrangemens indispensables à termi-
ner ; ils nous retinrent à Tauris pendant onze
jours.

Nous vivions si agréablement avec les Anglais qui ont conservé à peu près toutes les manières d'Europe, que souvent nous oubliâmes
que nous fussions en Perse. M. Campbell eut la
bonté de nous assurer que jamais il n'avoit vu
d'ambassade composée de gens aussi bien élevés
et aussi aimables ; nous aurions pu, sans flatterie, répondre à M. Campbell, que nous n'avions
jamais rencontré d'Anglais plus sociables que
ceux de Tauris. Peut-être aussi l'éloignement
où nous étions les uns et les autres de notre patrie, contribuoit à la joie réciproque de retrouver des Européens.

Le 15 septembre, nous célébrâmes, avec les
Anglais, l'anniversaire du couronnement de
l'empereur Alexandre. Le prince Abas-Mirza
eut à cette occasion la galanterie de faire tirer
un feu d'artifice.

Le jour fixé pour le départ, Abas-Mirza envoya à chacun de nous un cachemire ; il donna
de plus au colonel Iermoloff, neveu de l'ambassadeur, une bague qu'il tira de son doigt,

et qui étoit enrichie d'une très-belle pierre.

Le général voulut remettre au prince les présens qui lui étoient destinés, et parmi lesquels on distinguoit un service de porcelaine et une aigrette enrichie de brillans. Le prince se contenta d'accepter un fusil et un sabre de prix, en disant : Voilà ce qui convient à un soldat ; les autres objets sont trop beaux, et ne peuvent appartenir qu'à une tête couronnée.

Le 20 septembre, nous quittâmes Tauris : il faisoit le plus beau temps du monde pour se mettre en voyage ; la chaleur étoit très-supportable, et le ciel serein.

Le jour où nous traversâmes Maranda, l'ambassadeur reçut la triste nouvelle de la mort du général Koutousoff, qui, en son absence, commandoit les troupes de Grusinie. Cet officier-général s'est acquis l'amitié et l'estime de toutes les personnes qui l'ont connu, et justifie bien les larmes qu'on a accordées à sa mémoire ; l'ambassadeur perdoit en lui un ami intime, et la Russie un général expérimenté. L'empereur a pris soin de sa veuve et de ses enfans.

Le 24 septembre, nous passâmes l'Araxe ; et quoique le véritable chemin de Nakatschivan dût nous écarter des bords de ce fleuve, plusieurs d'entre nous préférèrent cette route un peu détournée, afin de voir les ruines de l'antique cité de Iulfa. Aucun Persan ne s'aperçut que nous eussions quitté le gros de la troupe.

Un pont de pierres, une petite et misérable tour, et un cimetière d'une étendue prodigieuse, voilà tout ce qui reste de Iulfa. L'Araxe serpente dans cette contrée de la manière la plus pittoresque, entre deux massifs de roches grisâtres, et sur un sol jonché de ruines. Un petit village arménien s'est élevé sur ces tristes débris.

Les habitans nous firent la réception la plus amicale : car il est rare qu'ils voient des chrétiens, et ils se plaignirent des vexations dont ils sont l'objet de la part du gouvernement. Nous ne sommes pas, ajoutèrent-ils, les seuls chrétiens que la nature semble avoir pris ici sous sa protection. Il y a le long du fleuve des cavernes où vivent de pieux cénobites, espérant, comme nous, le jour de la délivrance.

Comme le détour n'étoit pas très-long, nous jugeâmes à propos de suivre l'Araxe jusqu'à Nakatschivan, où il traverse de nouveau un pays plat. Les bords du fleuve sont tellement élevés, qu'ils forment une espèce de parapet naturel, qui, augmentant peu à peu de hauteur, finit par mettre les voyageurs à l'abri du soleil. Nous croyions être encore à Dariella, dans le Caucase. A la moitié du chemin est un pauvre village. La violence des eaux ne nous permit point de l'aller voir de près. Les habitans nous firent de loin des signes d'amitié, et parurent fort contrariés en s'apercevant que nous passions outre sans les visiter.

Nos conducteurs nous ont assurés qu'il y a, derrière une roche à pic très-élevée, un couvent où l'on ne sauroit pénétrer qu'à l'aide d'un guide et avec une extrême habitude de grimper dans les montagnes. Le long du fleuve, la contrée devient de plus en plus affreuse. Souvent nous étions obligés de descendre de cheval pour franchir des crevasses qui se sont faites naturellement au milieu des rochers de granit, et y forment de profonds abîmes. Enfin, à un détour du fleuve, nous fûmes tout à coup agréablement surpris d'apercevoir un assez joli monastère, près duquel est un petit village.

Les villageois, nous prenant d'abord pour des Persans, se mirent à fuir en désordre; mais enfin, après s'être rendus avec peine au témoignage de leurs yeux, et s'être bien convaincus que nous étions des chrétiens, ils vinrent à notre rencontre. Il y avoit à leur tête un respectable ecclésiastique qui nous reçut les larmes aux yeux. On sonna les cloches, et l'on nous conduisit processionnellement à l'église, où les assistans, jeunes et vieux, ne cessèrent de pleurer de joie pendant tout le service.

Après la messe, on nous mena tous sur une pelouse, et les paysans nous offrirent à l'envi des rafraîchissemens ; chacun d'eux apporta ce qu'il avoit de meilleur, jaloux de le partager avec des chrétiens. Les prêtres avoient d'excellent vin, comme tout le clergé arménien en général. Nous nous séparâmes à regret de ces bonnes gens, dont nous reconnûmes l'accueil du mieux qu'il nous fut possible.

Ils nous suivirent des yeux jusqu'au moment où nous gravîmes la montagne, qui domine toute la plaine de Nakatschivan. Là, nous découvrîmes à nos pieds le petit fort de Bassarabas. De là aussi nous cessâmes d'apercevoir le monastère arménien ; et, très-satisfaits de notre excursion, nous rejoignîmes le camp de l'ambassade.

La petite communauté chrétienne dont je viens de parler, et qui s'est établie au milieu des rochers qui garnissent les bords de l'Araxe, ne vit que de la pêche et du produit de son bétail. On voit paître les bœufs sur des hauteurs escarpées, où je n'aurois jamais imaginé que des hommes pussent grimper, encore moins d'aussi lourds quadrupèdes.

C'est un aspect assez singulier que celui des énormes masses de granit qui encaissent en cet endroit le lit de l'Araxe, dont ailleurs les bords sont extrêmement plats.

Le 29 septembre, les Russes firent leur entrée à Erivan. Nous campâmes dans les jardins même du sardar ou gouverneur, sur les bords de l'Araxe. En ce moment le sardar étoit à Tauris. Nous trouvâmes dans ses vergers une innombrable quantité de différens fruits et un bassin près duquel nous prenions le frais avec délices. La maison d'habitation étoit de l'autre côté de la rivière, en face de notre camp. Ce fut pour nous une grande surprise d'apercevoir les femmes, au nombre de soixante, que la curiosité attiroit à la fenêtre. On pense bien que nous nous hâtâmes de diriger nos lunettes d'approche vers un point de vue si enchanteur et si rare pour ceux qui voyagent dans les pays orientaux. Presque toutes ces femmes étoient jolies ; quelques unes se distinguoient par l'élégance et le bon goût de leurs habillemens. Ce charmant spectacle fut malheureusement de peu de durée ; un impitoyable eunuque se rendit près de nous, et nous pria poliment de ne point braquer nos télescopes sur le harem de son maître. Comme on ne tenoit guère compte de ses avis, il prit un parti plus sûr, et quelques instans après nous le vîmes, armé d'un redoutable bâton, chasser les femmes de leurs croisées. Toutes obéirent promptement, à l'exception d'une seule qui étoit vraisemblablement la favorite. Cette nouvelle Roxelane arracha le bâton des mains de l'eunuque, lui en donna deux ou trois coups vigoureux, jeta l'instrument de punition par la fenêtre, resta en place un bon quart d'heure, et se retira enfin en fermant elle-même la croisée.

Le 2 octobre, nous atteignîmes les frontières de la Russie. Nous y trouvâmes, pour escorte, un détachement de Cosaques, une compagnie de grenadiers et une pièce de canon. Nos conducteurs persans furent richement récompensés par l'ambassadeur, et congédiés. Il ne resta avec nous que Nasar-Ali-Khan, celui à qui l'entremise de l'ambassadeur avoit procuré une honorable promotion. Il nous accompagna encore pendant quelques marches, parce que l'ambassadeur l'avoit pris comme nous en affection, et avoit peine à se séparer d'un aussi brave homme. Nasar-Ali-Khan nous quitta enfin avec une émotion très-vive ; le général Iermoloff lui fit de petits cadeaux, et lui remit, notamment, une tabatière enrichie de brillans, avec une lettre où il le remercioit, au nom de toute la légation, de ses bons procédés.

Le 10 octobre, nous arrivâmes à Tiflis ; nous y avions justement passé à pareil jour l'année d'auparavant.

Je dois ici, au nom de tous mes compagnons, rendre hommage à la bienveillance que n'a cessé de nous montrer le général ; jamais son amitié ne s'est démentie, et il nous a aidés, avec la tendresse d'un frère, à supporter plusieurs momens pénibles. Grâces soient rendues à son cœur généreux ! Il nous a attachés à lui par les liens éternels de la reconnoissance, et ce fut pour nous une triste compensation du plaisir de rentrer dans nos foyers que de laisser le général à Tiflis, où le retenoient les soins de son gouvernement de Grusinie.

FIN.